Bibliothek
für Horterzieher

Irene Greiner
Peter Nitschkowsky
Bernhard Seipelt

Aus der Trickkiste

Knobelaufgaben, Experimente
und Denkspiele für den Schulhort

Mit einer Einleitung
von Franz-Hermann Schmidt

Volk und Wissen
Volkseigener Verlag Berlin
1986

Inhaltsverzeichnis

Einleitung

Wissen Sie, lieber Leser, wie man aus Seidenpapier ausgeschnittene Püppchen zum Tanzen bringen kann? Können Sie die Teile eines »magischen Eies« in ein Huhn verwandeln? Haben Sie schon einmal darüber nachgedacht, wie Sie einer Gruppe von jüngeren Schulkindern beweisen können, daß ein Blatt Papier einen mit Wasser gefüllten Becher tragen kann? – Wer das noch nicht weiß, der wird in diesem Buch für die abwechslungsreiche Gestaltung der Freizeit im Schulhort eine Fülle von Vorschlägen finden. Und wer das schon weiß, der wird dennoch bei Rätseln, Versuchen und Denkspielen Neues entdecken. Die Autoren haben Bekanntes aufgegriffen und manches Alte wiederentdeckt, das zu Unrecht fast vergessen schien. Sie sind Mitarbeiter des Pionierparks »Ernst Thälmann« in Berlin, kennen aus langjähriger Erfahrung die Interessen jüngerer Schulkinder und haben für diese Altersstufe Knobelaufgaben, Experimente und Denkspiele ausgewählt.

Mit der Weiterentwicklung unserer gesellschaftlichen Bedingungen und unserer sozialistischen Lebensweise verändern sich auch die Freizeitinteressen und Freizeitbedürfnisse der Kinder. Darauf muß man sich einstellen. Die »Trickkiste« soll helfen, die »persönliche Schatztruhe« des Erziehers mit sinnvollen Spielen, Rätseln, Knobelaufgaben und kleinen Experimenten reichlicher zu füllen.

9

Auch jeder Unterstufenlehrer will wissen, womit sich seine Schüler in der Freizeit befassen. Er wird selbst immer wieder danach suchen, wie er den Unterricht mit Hilfe von Experimenten und Knobelaufgaben methodisch abwechslungsreich gestalten kann und im Unterricht solche Erfahrungen und Erkenntnisse aufgreifen, die seine Schüler in der Freizeit spielend gewonnen haben.

Pädagogen müssen mit ihrer Zeit sorgsam umgehen. Die Autoren haben solche Knobelaufgaben, Experimente und Denkspiele ausgewählt, bei denen mit dem geringstmöglichen Aufwand an Zeit und auch an Kosten vieles erreicht werden kann. Sinnvolle Freizeit muß nicht viel Geld kosten. Soweit Material benötigt wird, kann es ohne Schwierigkeiten und große Kosten beschafft werden. Vieles ist von und mit den Kindern selbst herstellbar. Interessante Freizeitbeschäftigung hängt also nicht in erster Linie von der Höhe der finanziellen Aufwendungen ab.

Für jüngere Schulkinder ist es sogar ein besonders erziehungswirksames Erlebnis, wenn sie ihr Spielzeug selbst herstellen können. In jeder Familie, in der Kinder aufwachsen, ist heutzutage gekauftes Spielzeug reichlich vorhanden. Darin spiegelt sich auch der wachsende Wohlstand der sozialistischen Gesellschaft wider. Mit vielfältigem Spielzeug werden günstige Bedingungen für die Persönlichkeitsentwicklung der Heranwachsenden geschaffen, doch darf dabei nicht vergessen werden, welchen besonderen Wert selbstgefertigtes Spielzeug besitzt. Ideenreichtum, Findigkeit, Geschick und Schöpfertum werden schon bei der Vorbereitung von Spielen und Experimenten herausgefordert. Spiel und Arbeit fließen dann auf freizeitgemäße Weise zusammen. Die Beschreibung vieler Spiele in diesem Buch ist deshalb mit einer Anleitung zum Selbstbau verbunden. Wenn Kinder Versuche, Knobelaufgaben und Spiele, die sie im Schulhort kennengelernt haben, zu Hause weiterführen, dann kann das auch zu einem festeren Zusammenwirken von Schule und Elternhaus beitragen. Solche gemeinsamen Experimente und Spiele zeigen den Eltern deutlich, daß der Schulhort auf ganz eigenständige Weise die allseitige Persönlichkeitsentwicklung jüngerer Schulkinder fördert. Gewiß müssen Lehrer, Eltern und Horterzieher miteinander über unterrichtliches Lernen und über Schulaufgaben sprechen. Aber wie schade wäre es, würde sich der Inhalt der Kontakte darauf beschränken. Es geht um mehr, um gegenseitige Anregungen für Spiel und Freizeit, um Gedankenaustausch über die Entwicklung von Aktivitäten, Phantasie und schöpferischen Kräften, um Tips zur Anbahnung von naturwissenschaftlichen und technischen Interessen, von Freude am Knobeln und Denken, um das Wecken von Eigenschaften wie Findigkeit, Erkenntnisdrang und Entdeckerfreude, geistige Beweglichkeit und Durchhaltevermögen. Die Vorschläge in diesem Buch beweisen, die Freizeit im Schulhort kann und muß für die Entwicklung solcher Persönlichkeitsqualitäten genutzt werden. Auch damit tragen sie dazu bei, die Heranwachsenden auf die wissenschaftlich-technischen Herausforderungen der Zeit vorzubereiten.

Bereits heute durchdringt der wissenschaftlich-technische Fortschritt alle Lebensbereiche, vom Arbeitsplatz über den Haushalt bis zur Freizeit. Und diese Entwicklung beschleunigt sich weiter. Die jüngeren Schulkinder von heute werden dabei im nächsten Jahrtausend Aufgaben zu bewältigen haben, die wir zur Zeit erst in groben Konturen erkennen können. Das werden sehr interessante und problemreiche, aber auch höchst anspruchsvolle und komplizierte Aufgaben sein. In dieser Hinsicht wird es die heranwachsende Generation gewiß nicht leicht haben. Unsere Aufgabe ist es deshalb, die Kinder so früh wie möglich und auf altersgemäße Weise für den Reiz der Beschäftigung mit Wissenschaft und Technik aufzuschließen. Dafür ist alles das zu nutzen, was Interesse und Liebe zur Naturwissenschaft und Technik fördert, wie zum Beispiel die Knobelaufgaben, Experimente und Denkspiele dieses Buches.

Wir kennen heute schon wichtige Eigenschaften, die unbedingt erforderlich sind, um den wissenschaftlich-technischen Fortschritt zu meistern. Und wir kennen Tätigkeiten, bei denen sich solche Eigenschaften herausbilden können.

Bei jüngeren Schulkindern gilt es, ein gutes, festes Fundament für solche Persönlichkeitsqualitäten zu legen, das Allseitigkeit sichert und zugleich unerläßlich ist für die Bewältigung der kommenden Aufgaben.

Es wäre jedoch einseitig, wollte man die Vorbereitung auf wissenschaftlich-technische Anforderungen ausgewählten Tätigkeiten zuweisen. Vielmehr wirken die gesamte Lebensgestaltung und Tätigkeitsstruktur im Schulhort daran mit, ob die Heranwachsenden tatendurstig und geistig regsam oder als passive Beobachter zukünftigen Aufgaben entgegensehen. Aber bestimmte Tätigkeitsinhalte haben nun einmal für die Zuwendung zu Wissenschaft und Technik besonderen Wert. Zum Beispiel können sich Phantasie und Schöpfertum eben bei Knobelaufgaben und Denkspielen besonders gut entwickeln. Naturwissenschaftliche Experimente, kleine lustige physikalische Versuche fördern das Interesse. Forscherdrang, Entdeckerfreude beginnen im Kleinen zu wachsen. Ein abwechslungsreiches, bedürfnisgerechtes Angebot an vielseitigen Freizeittätigkeiten schafft Lebenslust und Tatendrang, führt zu aktiver, schöpferischer Lebenshaltung.

Jüngere Kinder treten der Technik ganz selbstverständlich und unbefangen gegenüber. Sie wachsen im modernen Alltag mit der Technik auf, sie wollen mit Technik umgehen, sowohl im Spiel als auch beim Lernen und bei der Arbeit. Die Tätigkeitsvielfalt im Schulhort bietet günstige Voraussetzungen dafür, auf spielerische, scheinbar »leichte« Art zu lernen, Denkaufgaben zu lösen, zu kombinieren und zu experimentieren. Die Begegnungen mit Naturwissenschaft und Technik finden auf freudvoll-fröhliche Weise statt. Unmerklich wird dabei gelernt. Experimente können zu kleinen Abenteuern werden.

Die spielerische, spielende Annäherung an Naturwissenschaft und Technik hat nichts mit Oberflächlichkeit zu tun. Aus den Lebenserinnerungen bedeutender Wissenschaftler wissen wir, wie wichtig die kindlich-spielerische Beschäftigung, das Probieren, Sammeln, Versuchen und Experimentieren für ihre Entwicklung war.

Spielerische Leichtigkeit schließt nicht aus, daß es sich um ein ernstzunehmendes Anliegen handelt. Das Spiel der Phantasie und der Gedanken, das variantenreiche Experimentieren gehören zum Leben des Kindes ebenso wie zur Neuerertätigkeit des Werktätigen. Denkaufgaben, Knobelspiele und kleine physikalische Versuche sind deshalb ein altersgemäßer Zugang zu Naturwissenschaft und Technik.

Ob sich die Kinder im Schulhort wohl und geborgen fühlen, das hängt maßgeblich vom gesamten Tages- und Tätigkeitsablauf im Schulhort ab. Wo Langeweile herrscht, kann sich keine aktive Lebenshaltung entwickeln. Eintönigkeit behindert die Entwicklung von Schöpfertum. Geringes Anspruchsniveau läßt die Herausbildung wertvoller geistiger Interessen kaum zu. Es wird wohl jeder der Forderung zustimmen, daß die Beschäftigung mit Naturwissenschaft und Technik, mit Knobelaufgaben, Experimenten und Denkspielen einen festen Platz im Leben des Schulhortes haben sollte. Dabei ist zu bedenken: Die Freizeittätigkeiten der Kinder im Schulhort sind anders zu führen als die täglichen Pflichten. Naturwissenschaftliche und technische Freizeittätigkeiten haben dann einen festen Platz, wenn jeder Schüler im Schulhort auf vielfältige, auch individuell unterschiedliche Weise angeregt wird, sich mit solchen Tätigkeiten zu befassen. Der Horterzieher schafft die Bedingungen dafür, weckt und fördert entsprechende Interessen und Bedürfnisse, hilft, berät, stimuliert und ist auch zum Mittun beim Kombinieren, Raten und Spielen bereit. Unter welchen Bedingungen, wann, wie lange, was getan wird, das muß sehr unterschiedlich sein. Gewiß kann eine tägliche »Rätselviertelstunde« über Wochen hinweg eine Hortgruppe begeistern, ebenso wie »Das Experiment des Tages« oder ein »Spiel der Woche«. Doch prinzipiell gilt, daß für die Freizeitgestaltung eine Vielfalt von Methoden und Organisationsformen Trumpf ist. Deshalb bietet dieses Buch auch viele Varianten an – vom Knobelnachmittag und der Klubveranstaltung, vom kollektiven bis hin zum individuellen Spiel.

Freizeit im Schulhort umfaßt sehr unterschiedliche Tätigkeiten. Die Beschäftigung mit Natur und Technik kann ebenso zur Freizeittätigkeit werden wie Lesen, Malen oder Sport. Freizeit erhält ihre Bedeutung für die Persönlichkeitsentwicklung nicht dadurch, daß sie laut Plan angeordnet wird, sondern sie muß vom einzelnen auch als Freizeit empfunden und erlebt werden. Das ist unter den Bedingungen des kollektiven Zusammenseins im Schulhort gar nicht immer leicht zu erreichen und stellt hohe Ansprüche an die pädagogische Führung des Horterziehers.

Freizeittätigkeiten sind selbstgewählte Tätigkeiten, durch die individuelle Bedürfnisse befriedigt werden. Kinder wollen wie Erwachsene über Inhalte der Freizeit eigene Entscheidungen treffen. Das heißt aber bei weitem nicht, daß der Horterzieher die Auswahl der Freizeitinhalte nicht lenkt. Er schlägt eine Knobelstunde vor, er regt zu bestimmten Spielen an und macht ein möglichst variantenreiches Angebot an Versuchen – von den »Fliegenden Münzen« bis zum »Zaubertrichter«. Er weckt Interessen.

Freizeittätigkeiten sind lustbetont. Das schließt ein, daß sich der einzelne das Recht vorbehält, sie nach eigenem Ermessen zu beenden und etwas anderes zu tun. Wer vom Kombinationsspiel genug hat, wendet sich etwas anderem zu. Die Möglichkeit des Tätigkeitswechsels gehört zum Freizeiterlebnis, – ganz gleich, ob man diese Möglichkeit nutzt oder nicht. Dadurch unterscheiden sich Freizeittätigkeiten von Pflichten. Es sollte aber auch hier angestrebt werden, ein einmal begonnenes Spiel oder Experiment zu Ende zu bringen. Die Beharrlichkeit, auch schwierige Situationen zu bewältigen, und Ausdauer gehören mit zu den Eigenschaften, die sich in der Freizeit gut ausbilden lassen.

Wenn es dem Erzieher gelungen ist, Interesse und Lust an naturwissenschaftlichen und technischen Sachverhalten zu wecken, dann wird es kaum Probleme geben. Sicher wird niemand die Experimente mit der schwebenden Kugel oder mit dem Geldstück, das im Zauberglas unsichtbar wird, vorzeitig beenden wollen, weil die Bindung an die

Tätigkeit und das Interesse daran dann so stark sind, daß die Zeit eher zu schnell vorübergeht. Wenn aber ein Schüler etwas anderes tun möchte, dann ist das eigentlich ein freizeitgemäßer Wunsch, dem nach Möglichkeit Rechnung zu tragen ist.

Der Wunsch nach Tätigkeitswechsel muß jedoch anders bewertet werden, falls es sich um ein kollektiv beschlossenes Pioniervorhaben handelt, bei dem z. B. die Pioniere einer 4. Klasse eine Spielstunde mit Kombinationsspielen, wie sie im Kapitel »Das magische Ei« dargestellt sind, für die Hortgruppe einer 1. Klasse vorbereiten. Bei dieser sehr schönen Freizeitbeschäftigung wird von allen Pionieren erwartet, daß sie mitmachen und durchhalten.

Während bei Lern- und Arbeitspflichten gefordert werden muß, daß jeder seine Kräfte voll anspannt, ist das bei Freizeittätigkeiten nicht der Fall. Aber es wird gerade in der Freizeit Tätigkeitsphasen geben, in denen sich sowohl Erwachsene als auch Kinder geradezu selbstvergessen mit großer geistiger und körperlicher Anstrengung ihrem Vorhaben, ihrem Hobby zuwenden. Im Prinzip allerdings möchte man über die Intensität zu einer Tätigkeit, über den geistigen und körperlichen Kraftaufwand in der Freizeit selbst entscheiden. Bei der Beschäftigung mit dem Pentomino oder dem Hexatrion kann es Pausen geben. Wer Freizeit hat, darf vom angestrengten Tun hinübergleiten ins Spielerisch-Verträumte und umgekehrt. Erfahrene Erzieher suchen bei der Führung der Freizeit immer nach einer Kombination von Anspannung und Muße. Sie legen Wert auf die spielerischen, abenteuerlichen Elemente in der Tätigkeit. Deshalb sind die »Reise ins Land der Geheimnisse« und »Das magische Ei« so freizeitgemäß.

In der Freizeit möchten Erwachsene und Kinder nicht nur selbst entscheiden, was sie machen wollen, sondern auch wie und mit wem sie etwas unternehmen. Mancher möchte, nachdem er stundenlang mit anderen zusammen war, einmal etwas nur für sich tun, möchte allein sein. Das ist doch verständlich. Andere suchen in ihrer Freizeit das Gespräch, den Kontakt zu Freunden, die gemeinsame Tätigkeit.

Das Bedürfnis nach Kommunikation und Kooperation ist nicht nur unterschiedlich ausgeprägt, es kann sich innerhalb der Freizeit auch verändern. Es ist nicht leicht, unter den Bedingungen des Schulhortes den unterschiedlichen Ansprüchen der Kinder an ihre Freizeit Rechnung zu tragen. Wir können aber bei vielen naturwissenschaftlichen und technischen Tätigkeiten einen Spielraum gewähren, innerhalb dessen sowohl kollektive als auch individuelle Tätigkeiten möglich sind. Das ist bei den im Kapitel »Das magische Ei« zusammengefaßten Spielen besonders gut möglich.

Wenn Hortgruppen den Pionierpark Berlin besuchen, dann verleben dort alle Kinder einer Gruppe bei gemeinsamer Betätigung einen erlebnisreichen Nachmittag. Auf dieses Ziel sind die Vorschläge für Knobelnachmittage und für Experimente zunächst ausgerichtet. Erlebnisreiche Pionierveranstaltungen für die gesamte Gruppe oder bei Klubveranstaltungen, das ist ein Weg, die Anregungen dieses Buches zu nutzen. Damit sind aber die Möglichkeiten der »Trickkiste« noch nicht ausgeschöpft. Was eine Hortgruppe insgesamt tun kann, das kann auch in Teilgruppen geschehen. Während der Freizeit kann im Schulhort noch weiter differenziert werden. Nicht alle müssen am gleichen Experiment mitwirken oder das gleiche Legespiel spielen. Die Vorschläge dieses Buches bieten zugleich Anregungen für individuelle Freizeitgestaltung im Schulhort. Sie müssen deshalb vom Horterzieher schöpferisch genutzt und auf die eigenen Bedingungen zugeschnitten werden.

Mit der Befähigung zur sinnvollen Gestaltung der individuellen Freizeit helfen wir auch, die Probleme besser zu lösen, die sich ergeben, wenn die Kinder nicht mehr den Schulhort besuchen. Das Kind, das gelernt hat, sich allein sinnvoll zu betätigen und dies auch mehr und mehr selbständig will und kann, bei dem es zum Bedürfnis und zur Gewohnheit geworden ist, die Freizeit sinnvoll zu nutzen, das wird diesen Übergang gut bewältigen. Es wird etwas mit sich und seiner Freizeit anfangen können und nicht in Langeweile und Nichtstun verharren.

Die interessanteste Vorführung für eine Gruppe nützt also nichts oder nur wenig, wenn sie den einzelnen nicht aktiv werden läßt. Daran leiden ja gerade manche gutgemeinten und aufwendigen Veranstaltungen: Es wird zuviel für die Kinder getan, zuviel Fertiges vorgesetzt, statt alle Möglichkeiten zu nutzen, mit den Kindern etwas zu tun, sie selbst geistig-praktisch tätig werden zu lassen. Jedes Experiment kann pädagogisch unterschiedlich geführt werden. Damit gewinnt es auch sehr unterschiedlichen erzieherischen Wert. Der Versuch mit der Papierbrücke, die einen mit Wasser gefüllten Becher trägt, könnte allein vom Erzieher vorbereitet und den staunenden Kindern vorgeführt werden. Sofern die Schüler noch nicht in der Lage sind, die Ursachen für die überraschende Stabilität des gefalteten Papiers zu erklären, könnte das ebenfalls der Erzieher erläutern. Zweifelsohne würden die Kinder das interessiert verfolgen. Sie würden etwas lernen, wären aufmerksam und in gewisser Weise geistig aktiv.

Trotzdem würden bei einem solchen Vorgehen wichtige erzieherische Potenzen verschenkt. Es ist doch auch möglich, daß die Kinder vom Erzieher gebeten werden, für ein (möglicherweise »noch geheimes«) Experiment Holzklötzchen, Zeichenkarton und Plastbecher zu besorgen, damit alle Kinder in kleinen Gruppen mitexperimentieren können. Dann erfahren sie ihr »Forschungsproblem«: Kann eine Papierbrücke den gefüllten Becher tragen? Der findige Erzieher wird viele Möglichkeiten entdecken, diese Versuchsaufgabe auf freizeitgemäß-spielerische oder abenteuerlich-interessante Weise zu stellen, etwa als versiegelten »Forschungsauftrag« oder ähnliches. Dann versuchen die Pioniere in kleinen Gruppen eine Lösung zu finden. Wenn alle Kinder praktisch beteiligt sind, so ist das ein ganz wesentlicher Unterschied zum Vorgehen, bei dem lediglich der Erzieher den Versuch vorführt.

Die Pioniere sind jetzt nicht nur über Auge und Ohr am Experiment beteiligt, sondern mit allen ihren Sinnen. Sie können mit ihren Händen tastend, greifend, fühlend mitwirken, indem sie Klötzchen schieben, Papier legen, knikken oder falten, Becher füllen oder halten. Gedankliche Arbeit wirkt zusammen mit dem praktischen Tun im Umgang mit dem Material. Die erfolglosen Varianten und die tragfähige Lösung werden zum selbst erworbenen Erfahrungs- und Erkenntnisschatz. Dann fällt es auch leichter, Ergebnisse zu erklären, Erfolge oder Mißerfolge zu begründen.

Mit den Knobelaufgaben, Experimenten und Spielen dieses Buches wird den Pionieren nichts Fertiges vorgesetzt. Das Staunen über scheinbar Unmögliches ist mit dem Verlangen verbunden, den Dingen auf den Grund zu kommen. Wie oft wird ein Spielzeug auseinandergenommen, nur um zu sehen, wie es von innen aussieht. Jüngere Schulkinder sind neugierig, sie haben Vertrauen in ihr eigenes Können wie in das Wissen der Erwachsenen. Die Versuche und Spiele, von den klebenden Luftballons bis zum Zaubertrichter, vom schwebenden Wasser bis zur unsichtbaren Kraft, tragen dazu bei, daß die Kinder ihre Welt nicht als etwas Unverständliches und Fertiges betrachten, sondern als erkennbar, beeinflußbar und veränderbar.

Diese Erkenntnisse kann der Erzieher durch eine kluge pädagogische Einflußnahme vermitteln und festigen helfen. Das gelingt ihm aber nur, wenn er es versteht, die vielfältigsten Tätigkeiten anzuregen und diese unmerklich zu führen, auch solche, die nicht unbedingt zu seinen eigenen Lieblingsbeschäftigungen gehören, oder bei denen er sich vielleicht noch unsicher fühlt. Naturwissenschaftliche und technische Tätigkeiten gehören dabei zu denen, deren Bedeutung im Schulhort zunimmt und die deshalb noch mehr zu fördern sind. Dieses Buch soll dabei helfen.

Mitunter werden Unsicherheiten damit begründet, daß der Horterzieher nicht recht weiß, welche Anforderungen oder Experimente für seine Schüler geeignet sind. Hierzu kann es keine strengen Festlegungen geben. Ob ein Experiment von einer Gruppe Schülern durchgeführt und interpretiert werden kann, das hängt von der pädagogischen Führung, von den Vorkenntnissen und Erfahrungen der Pioniere ab. Soweit die Autoren besonders gute Erfahrungen mit einer bestimmten Klassenstufe des jüngeren Schulalters gemacht

18

haben, ist das angegeben. Aber die Grenzen sind fließend. Noch stärker trifft das auf einzelne Kinder zu. Was das eine Hortkind schon lösen kann, bleibt für ein anderes möglicherweise unverständlich und unlösbar. Nun, es muß nicht jede Denkaufgabe gelöst werden. Auch beim Spiel kann nicht jeder der Erste sein. Mißerfolge sind nicht völlig auszuschließen. Aber grundsätzlich gilt als Regel, daß Spiele und Experimente zum Erfolgserlebnis führen sollen. Nur das erzeugt letztlich Glücksgefühl, Wissensdurst, Entdeckerfreude, Selbstvertrauen. Deshalb ist es so wichtig, daß Horterzieher die Kinder ihrer Gruppe genau kennen, um die Anregungen dieses Buches individuell dosieren zu können. Was für den einen sinnvoll ist, mag für andere zuviel oder zuwenig sein. Es gibt auch hier kein Rezept. Grundsätzlich wurden aber alle Vorschläge dieses Buches für das Hortalter ausgewählt.

Franz-Hermann Schmidt

Zu Gast bei Knobel Knifflig

Vorschläge für Knobelnachmittage,
Gruppen- und Klubveranstaltungen

Irene Greiner

Knobel Knifflig ist ein lustiges Strichmännchen. Halb als Mensch, halb als Maschine dargestellt, erinnert es an einen Roboter. Auch ein Rätselmagazin der »Frösi«, mit dem sich die Kinder gern beschäftigen, trägt diesen Namen. Es vermittelt Kenntnisse aus den unterschiedlichsten Lebensbereichen und verlangt gleichzeitig die Anwendung von Wissen und Können. An einem Nachmittag unter diesem Motto läßt sich also eine Vielzahl unterschiedlicher Knobelaufgaben und Experimente für Sechs- bis Zehnjährige unterbringen.

Was ist aber bei der Vorbereitung eines solchen Nachmittags zu beachten?

Da wäre einmal die Bereitstellung des Materials. Besonders bewährt haben sich bei uns Spielbeutel. Das sind einfache Plastbeutel, in denen sich für jedes Kind das erforderliche Material befindet, das für die geplanten Knobelaufgaben und Experimente benötigt wird.

Zum anderen machten wir uns Gedanken über die Art und Weise, wie man die Aufgaben den Kindern übermitteln kann, denn sie sollen ja nicht nur knobeln, raten und ausprobieren. Bei manchen Aufgaben müssen sie auch erst gedanklich in eine bestimmte Situation gebracht werden, die ihnen hilft, sich besser in das zu lösende Problem, in die Rolle oder Aufgabe hineinzudenken. Außerdem ist es unbedingt erforderlich, daß die Erzieherin die Experimente und Spiele selbst sicher beherrscht und die Lösungsstrategien kennt. Vorher alles einmal auszuprobieren, gegebenenfalls auch zu üben und einige kleine Scherzfragen, Tricks oder Experimente in Reserve zu haben, gibt die Gewähr für einen gelungenen Nachmittag.

Es ist auch zu überlegen, was die Kinder allein ausprobieren können und was beaufsichtigt werden muß. Der Entwicklungsstand und die Interessen der Kinder sind zu berücksichtigen. Auf keinen Fall darf man bei einer solchen Veranstaltung die Kinder nur unterhalten. Es soll ein Spiel werden, Spaß machen, spannend sein und Wissen über die Dinge, die uns umgeben, vermitteln. Die Kinder sollen nicht nur wetteifern, wer am schnellsten den Trick durchschaut, sondern möglichst in die Lage versetzt werden, kleine Tricks und Experimente selbst zu beherrschen. Wenn es uns dadurch gelingt, den Wunsch und das Bedürfnis hervorzurufen, mehr nach den Ursachen und Erscheinungen der Dinge, die uns umgeben, zu fragen, schaffen wir wichtige Voraussetzungen für die Erziehung zum Interesse an Wissenschaft und Technik.

Vieles, was die Kinder vom täglichen Erleben her bereits kennen, ist ihnen zwar selbstverständlich, aber nicht immer haben sie es wirklich verstanden. Das muß auch nicht sein. Zusammenhänge, Ursachen und Wirkungen, physikalische Vorgänge und vieles andere lernen sie später im Fachunterricht. Die Erzieherin muß aber in der Lage sein, den Kindern zu den Knobelaufgaben und Experimenten einfache, faßliche Erklärungen zu geben. Dabei braucht man um Begriffe und Bezeichnungen aus dem jeweiligen Fachgebiet keinen Bogen zu machen. Der Fachlehrer kann zu Rate gezogen werden, er wird sicher helfen, die jeweils richtige Bezeichnung zu wählen. Sicher wird er mit noch manchem Tip und Geräten aus dem Fachunterrichtsraum zum guten Gelingen beitragen können.

Zu unserem Knobelnachmittag gestalten wir den Raum so aus, daß die Aufmerksamkeit der Kinder zunächst auf die Figur des Knobel Knifflig und einige Piktogramme, die aus der »Mini-Frösi« nachgestaltet wurden, gelenkt wird. Vielen Kindern ist Knobel Knifflig schon aus der Pionierpresse bekannt. Dann sprechen wir über die Begriffe »knobeln« und »knifflig«. Die Kinder der 1. und 2. Klasse verbinden mit dem Begriff »knobeln« meistens nur Rätsel oder Aufgaben aus dem Mathematikunterricht. Ältere Schüler wissen bereits, daß sich hinter diesem Begriff doch mehr versteckt. Sie ordnen Zauberei und Tricks, Experimentieren und Ausprobieren unter diesem Begriff ein. Mancher Schüler weiß auch zu berichten, daß der Vati oder die Mutti zu Hause oder im Betrieb an einem Problem knobeln, wie sie an ihrer Maschine oder in ihrem Arbeitsablauf zu einem besseren Ergebnis kommen.

Den Begriff »knifflig« zu erklären fällt den Kindern schon schwerer. Wir erläutern ihn meist allgemeinverständlich mit den Worten schwierig oder kompliziert.

An den Piktogrammen haben die Kinder ihren besonderen Spaß, und beim Suchen und Nennen von Beispielen dazu beteiligen sie sich rege.

 Konzentriere dich!

 Beobachte!

 Erinnere dich!

 Kombiniere!

Wenn dann bei der Beantwortung von Scherzfragen das »Konzentriere dich!« geübt wird, sind alle mit Eifer dabei. Wir stellen dazu zum Beispiel folgende Scherzfragen:

Sechs Spatzen sitzen auf einem Dach. Einer wird vom Jäger abgeschossen! Wieviel Spatzen bleiben oben?

Oder:

Ein Birnbaum trägt nach jahrelanger sorgsamer Pflege zum ersten Mal. Er hat schon zehn Äste, an jedem Ast zwei Zweige und an jedem Zweig einen Apfel. Wieviel Früchte erntet der Besitzer?

Oder:
Ein Tier hat zwei rechte und zwei linke Beine, zwei Beine vorn und zwei Beine hinten. Wieviel Beine hat es insgesamt?

Obwohl vorher gesagt wurde, daß es sich hierbei nicht um Mathematikaufgaben handelt, denn wir haben keine Mathematikstunde, sondern einen Knobelnachmittag, zeigen die Antworten, daß die Mehrzahl der Kinder schematisch rechnet. Darauf aufmerksam gemacht, merken die Kinder, daß sie konzentriert zuhören, sich die genannten Gegenstände genau vorstellen müssen, um die Lösung zu finden. Bei der nächsten Aufgabe geht es dann schon viel besser.

Von drei nebeneinanderliegenden Stäbchen soll das mittlere an die Seite gebracht werden, ohne daß man es berührt.

Die Kinder haben die Stäbchen vor sich liegen, oder es werden drei Stäbchen an die Tafel gemalt. Kinder der 1. Klasse lösen diese Aufgabe bereits, wenn sie mit entsprechender Betonung vorgetragen wird. Sie legen eins der äußeren Stäbchen auf die andere Seite, und schon liegt das mittlere Stäbchen außen.

Für Schüler der 3. und 4. Klasse kann die Aufgabe etwas komplizierter sein.

Ein Zimmermann ist gerade dabei, einen Balken in fünf Teile zu zersägen. Für ein Teil braucht er 12 Minuten. Wieviel Zeit wird er für fünf Teile brauchen?

Die Lösung dieser Aufgabe erfordert in erster Linie logisches Denken.

Für eine andere Konzentrationsaufgabe wurde ein bekanntes Rätsel etwas verändert. Wir fragen nach der Anzahl der Pioniere in einer Touristenreihe.

Ein Pionier geht vor zweien, ein Pionier geht hinter zweien, ein Pionier geht zwischen zweien. Wieviel Pioniere sind es?

Zunächst rechnen auch hierbei viele Kinder eifrig, und die Anzahl der Pioniere in der Touristenreihe wird mit fünf bis zu neun angegeben. Die Kinder werden nun aufgefordert, die Augen zuzumachen und sich beim wiederholten langsamen Vortragen der Aufgabe die Touristenreihe vorzustellen. Dabei merken sie oft selbst schon, daß man sich mit geschlossenen Augen besonders gut konzentrieren kann.

Viele kommen dann auch zum richtigen Ergebnis: Es sind drei Pioniere.

Den Nachweis dafür, daß man sich mit geschlossenen Augen besonders gut konzentrieren kann, bringen wir mit der nächsten Aufgabe. Wir klopfen auf verschiedene Gegenstände aus unterschiedlichem Material (Glas, Plaste, Porzellan, Holz, Metall). Die Gegenstände stehen natürlich versteckt hinter einer Wand. Die Kinder hören zunächst nur zu. Dann schließen sie die Augen, konzentrieren sich, und es wird erneut an die Gegenstände geklopft. Nun werden die Lösungen erfragt. Die Kinder stellen fest, daß man mit geschlossenen Augen den unterschiedlichen Klang der Gegenstände viel intensiver wahrnimmt.

Zur nächsten Knobelaufgabe erzählen wir eine Geschichte. Die Kinder sollen gut zuhören und beobachten.

Das komplizierte Geschenk

Wenige Tage vor dem Internationalen Frauentag hat Bettina immer noch kein geeignetes Geschenk für die Mutti. Als in ihrer Hortgruppe über diesen bedeutsamen Tag gesprochen wird, und einige Kinder erzählen, was sie für ihre Mutti gebastelt haben, kommt ihr der rettende Einfall. Sie wird für die Mutti ein schönes Tuch bemalen. Sie hat ja im Zeichnen eine Eins und versteht es auch, die Farben gut zusammenzustellen.

Beim Einkauf des Stoffes schneidet die Verkäuferin gleich ein quadratisches Stück Stoff ab. Der Rand soll mit goldgelber Borte eingefaßt werden. Da jede Seite des Stoffes 70 cm lang ist, kauft Bettina 2,80 m Borte. Zu Hause berät sie sich mit ihrer Oma. Die erinnert sie daran, daß die Mutti schon mehrere viereckige Tücher hat und sich über ein modisches Dreiecktuch mehr freuen würde. Die Oma erklärt sich auch gleich bereit, den Stoff schräg durchzuschneiden und so aneinanderzunähen, daß ein Dreieck entsteht.

Bettina bemalt die große Ecke des Dreiecktuches mit einem schönen Blumenmuster. Wenn die Textilfarbe trocken ist, will sie die Borte annähen. Da fährt ihr auf einmal der Schreck in alle Glieder. Die Borte war doch für ein viereckiges Tuch bestimmt, würde sie denn auch für das Dreiecktuch ausreichen?

Diese Frage sollen nun die Kinder beantworten. Mit einem entsprechenden Stück Stoff oder Papier (Serviette) läßt sich diese Aufgabe veranschaulichen. Die Kinder können das auch mit einem quadratischen Stück Papier selbst nachvollziehen.

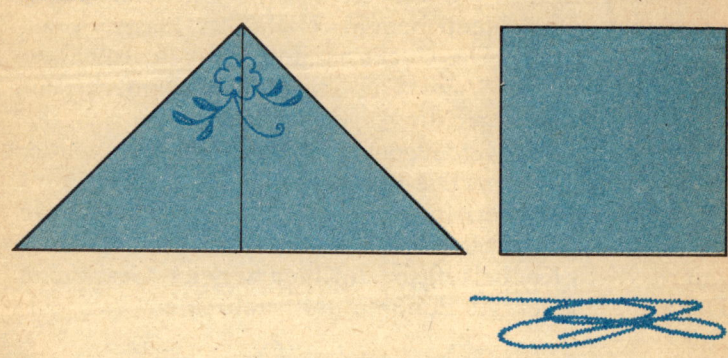

Kinder, die gut beobachten, stellen fest, daß das Dreieck größer erscheint. Andere gehen von der Überlegung aus, daß es die gleiche Menge Stoff wäre, nur anders zusammengesetzt, und meinen, eine Vergrößerung des Umfangs könnte es deshalb gar nicht geben. Nun wird nachgemessen und addiert, erst die Seitenlängen des Quadrates und dann die des Dreiecks. Dabei stellen wir fest, daß die Borte nicht mehr ringsherum reicht. Wie kommt denn das?
Im Gespräch wird dann geklärt, daß die Seiten durch die Diagonalen länger geworden sind. Es ist aber die gleiche Menge Stoff geblieben.
Nach solchen, konzentriertes Mitdenken erfordernden Aufgaben ist eine Auflockerung notwendig, die aber auch dem Charakter der Veranstaltung entsprechen muß. Wir lassen Papierpüppchen tanzen. Zunächst fragen wir die Kinder, was ihnen beim Ausziehen ihres Pullovers besonders auffällt. Meist nennen alle das Knistern, manche Kinder haben sogar im Dunkeln kleine Fünkchen bemerkt. Wir klären im Gespräch, daß sich der Pullover, der zum Teil oder sogar vollständig aus Kunstfasern besteht, infolge der Körperbewegungen elektrostatisch auflädt. Beim Auszie-

hen erfolgt dann ein Ladungsausgleich, es knistert. Um das zu verhindern, spült die Mutti die Wäsche mit Weichspüler. Auf der Flasche steht: Wirkt antistatisch! Auch beim Kämmen kann man beobachten, wie der aus Kunststoff bestehende Kamm die Haare anzieht, statt sie zu glätten, wenn man mehrmals mit ihm durch die Locken fährt.
Nach diesem Gespräch führen wir unsere tanzenden Püppchen vor.

Tanzende Püppchen

Auf eine Metallplatte (etwa 20 cm × 40 cm, ein Kuchenblech oder der Boden einer Tortenform eignen sich auch) legen wir zwei etwa 8 cm hohe Holzklötzchen und darauf eine Kunststoffplatte (Piacryl). Auf die Metallplatte legen wir die aus dünnem Papier (Servietten oder Seidenpapier) ausgeschnittenen Püppchen. Nun wird mit einem Wolltuch die Kunststoffplatte tüchtig gerieben, unsere Püppchen erheben sich und tanzen.

Das bereitet den Kindern besonderen Spaß. Einige probieren es gleich selbst aus. Tatsächlich, wenn man die Kunststoffplatte tüchtig reibt, bewegen sich die Püppchen. Wie ist das zu erklären? Wir erinnern uns an das Gespräch über den knisternden Pullover und den anziehenden Kamm, und die Kinder kombinieren, daß es sich hier ähnlich verhalten muß. Durch die Reibung hat sich die Kunststoffplatte elektrostatisch aufgeladen und zieht die dünnen Seidenpapierpüppchen an. Mit Hilfe eines Meßgerätes aus dem Physikraum können wir sogar nachweisen, wie stark die so entstandene Spannung ist. Die Kunststoffplatte ist auch warm geworden beim Reiben. Die Reibung erzeugt also auch Wärme. Wir probieren das alle gleich einmal aus, indem wir die Hände aneinander reiben. So machen wir es, wenn die Hände kalt sind. Alle Kinder verspüren selbst, daß die Reibung Wärme erzeugt.

»Klebende« Luftballons?

An unserem nächsten Experiment beteiligen sich alle Kinder. Jedes bekommt einen Luftballon zum Aufblasen. Daß der Luftballon dann nach kräftigem Reiben am Pullover, am Schrank oder an der tapezierten Wand, bei manchen sogar an der ausgestreckten Hand »kleben« bleibt, fordert geradezu jedes Kind zum Ausprobieren heraus. Mit den »klebenden« Luftballons schmücken wir auch gleich noch unseren Raum aus. Später darf jeder seinen Luftballon mit nach Hause nehmen und dort diesen Zaubertrick vorführen.

Aber, wie kommt es denn, daß die Luftballons »kleben« bleiben?

Zur Erläuterung verweisen wir auf die Piktogramme »Beobachte!« und »Erinnere dich!«. Wie war das doch mit der elektrostatischen Aufladung durch das Reiben? Die Kinder überlegen und erkennen auch hier den Zusammenhang.

Da wir gerade mit Luftballons beschäftigt sind, stechen wir gleich einmal mit einer Nadel in einen aufgeblasenen Luftballon hinein. Und der platzt nicht einmal! Die Kinder staunen! Gut beobachtende Kinder haben aber bemerkt, daß der Luftballon nicht voll aufgeblasen war. Es läßt sich dann einfach und verständlich erklären, daß der Trick nur gelingt, wenn man an einer bestimmten Stelle in den Ballon piekt, nämlich dort, wo sich der Gummi noch nicht voll ausgedehnt hat und sofort wieder zusammenzieht, an der Spitze oder am Mundstück.

Zur Abwechslung und um wieder etwas Ruhe in die Luftballonturbulenz zu bringen, betten wir die nächste Knobelaufgabe wieder in eine Geschichte ein, die die Kinder veranlaßt, gedanklich zu folgen.

Das müßte doch zu schaffen sein!

Andreas möchte seinen 10. Geburtstag mit Freunden feiern. Aber in der Wohnung der Eltern ist das nicht möglich, sie ist zu klein. Außerdem hat Andreas noch zwei Schwestern, die auch ihren Platz brauchen. Weil er aber ein fleißiger Pionier ist, älteren Leuten hilft, Altstoffe sammelt und auch mit für Ordnung und Sauberkeit im Haus sorgt, will ihm der Vorsitzende der Hausgemeinschaft helfen. Andreas darf seinen Geburtstag im Hausklub feiern. Dort finden sonst immer die Hausversammlungen und Hausfeste statt. Auch zu Familienfeiern wird der Raum oft genutzt. Aber der Vorsitzende will prüfen, ob Andreas auch pfiffig ist. »Hier sind zehn Hocker«, sagt er zu ihm. »Wenn du diese an den vier Wänden so verteilst, daß an jeder Wand gleich viele Hocker stehen, kannst du hier feiern!«

Andreas überlegt mit seinen Freunden: Vier Wände und zehn Hocker? Und an jeder Wand die gleiche Anzahl? Da muß doch ein Trick dabei sein!

Überlegt einmal mit, wie kann man Andreas helfen? Die Kinder werden so aufgefordert, nach einer möglichen Lösung zu suchen. Diese Knobelaufgabe können sich die Kinder selbst veranschaulichen. Auf ein Stück Papier zeichnen sie ein größeres Quadrat oder Rechteck, das soll der Raum sein. Zehn Spielsteine (Dame-Mühle-Steine) oder Plastscheibchen stellen die Hocker dar. Und nun wird probiert. Wer die Lösung gefunden hat, sagt sie oder malt sie an die Tafel.

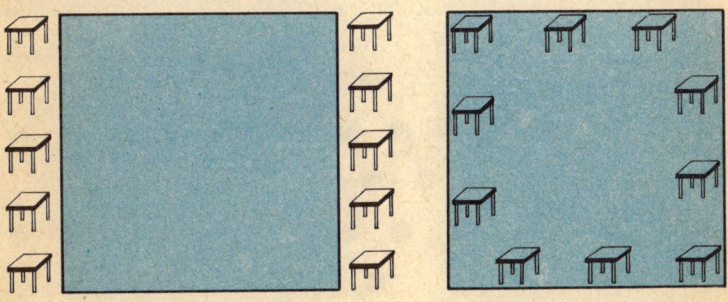

Für Unterstufenkinder ist das keine leichte Aufgabe. Mit der Bemerkung: Stellt mal einen Hocker in die Ecke und probiert nun weiter, kann man einen Hinweis geben.

Von unten nach oben

Unsere Spielsteine verwenden wir gleich noch einmal. Wir malen ein Dreieck aus zehn Spielsteinen an die Tafel. Die Kinder legen ihre Spielsteine in gleicher Weise vor sich auf den Tisch. Die Spitze des Dreiecks zeigt nach unten. Jetzt kommt die Aufgabe: Legt drei Steine so um, daß die Spitze des Dreiecks nach oben zeigt! Zur Anregung und Lösungshilfe wird noch einmal betont: die *Spitze* soll also nach *oben* zeigen.

Nun können die Kinder ausprobieren und sich gegenseitig beraten oder helfen. Ähnliche Aufgaben finden wir oftmals auch in der Unterhaltungsbeilage der Tagespresse. Die Kinder werden also gleichzeitig daran interessiert, sich mit solchen Aufgaben selbständig zu beschäftigen. Sollte kein Kind auf die Lösung kommen, streichen wir den auf die Tafel gemalten Spielstein, der an der unteren Spitze steht, durch. Wir zeichnen ihn *oben* wieder ein. Das war unser Lösungshinweis, der auch in der Aufgabe versteckt war. Damit haben wir schon einen Teil der Aufgabe gelöst. Aber wie nun weiter? Einige Kinder haben bemerkt, daß das Dreieck aus Reihen mit einem, zwei, drei und vier Steinen besteht. Der eine Stein, die *Spitze ist* nun schon *oben*, wie gefordert. Jetzt lassen wir aus der zweiten Reihe zwei Steine nach unten rutschen, und fertig ist das Dreieck, das mit der Spitze nach oben zeigt.

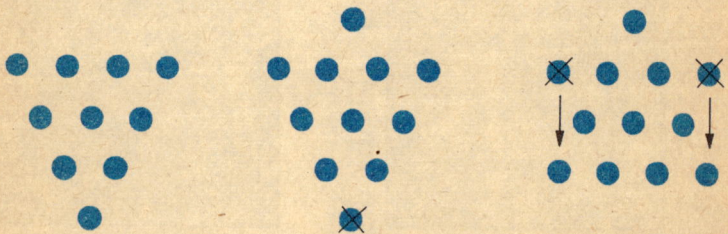

Eine ähnliche Aufgabe erfordert von den Kindern schon wesentlich entwickelteres Vorstellungsvermögen und in gewisser Weise auch räumliches Denken. Sie ist für Schüler einer 4. Klasse geeignet, die mit etwas Übung durchaus in der Lage sind, die folgende Knobelaufgabe zu lösen. Zum besseren Verständnis und damit sich die Kinder das Ganze konkret vorstellen können, verbinden wir unsere Aufgabe wieder mit einer Geschichte. Beim Erzählen entwickeln wir dazu ein Tafelbild, das sich die Schüler abzeichnen, um daran Lösungsvarianten auszuprobieren.

Der verflixte Schulhof

Auf unserem Schulhof haben wir ein Stück Rasen, auf dem zwölf schöne große Bäume stehen, die im Sommer herrlichen Schatten spenden. Bisher haben die Schüler der drei 10. Klassen auf die Sauberhaltung der Fläche geachtet und den Rasen gepflegt. Und das schon vom dritten Schuljahr an. Nun verlassen diese Schüler demnächst die Schule, und die jetzigen 3. Klassen sollen diese Tradition fortsetzen. Es sind aber nur zwei 3. Klassen da, nämlich die 3a und die 3b. Damit die Flächen für die einzelnen Klassen aber nicht zu groß werden, entschließt man sich, die beiden 4. Klassen, die 4a und die 4b, auch mit verantwortlich zu machen. Ja, wie teilt man aber die Fläche nun auf, damit jede Klasse ein gleich großes Stück Rasen und die gleiche Menge Bäume zu betreuen hat? Bisher war das einfach. Jede 10. Klasse hatte ein rechteckiges Stück Rasen mit vier Bäumen, es waren ja drei Klassen. Jetzt muß die Fläche auf vier Klassen verteilt werden. Mit den Bäumen ist das einfach, 12 (Bäume) dividiert durch 4 (Klassen) ist gleich 3. Jede Klasse hat also drei Bäume zu betreuen. Die darunter liegende Rasenfläche soll aber auch zusammenhängend sein und die gleiche Form haben. Wie würdet ihr die Fläche nun aufteilen?

Im allgemeinen finden die Kinder schnell eine Lösung. Trotzdem sei auch hier eine mögliche Lösungshilfe gegeben. Die Kinder werden noch einmal an die drei 10. Klassen erinnert, von denen jede vier Bäume auf ihrer Fläche hatte. Jetzt sind es aber nur noch drei Bäume für jede

Klasse. Wir müssen also von den Rechtecken der 10. Klassen je einen Baum wegnehmen. Da die Flächen zusammenhängend sein sollen, müssen es Bäume sein, die unmittelbar nebeneinander stehen. Das ist die Lösung! Jede der vier Klassen hat ein Stück Rasen in L-Form zu betreuen, auf dem jeweils drei Bäume stehen.

 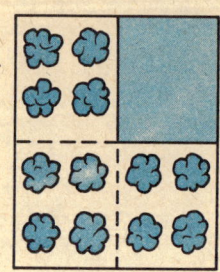 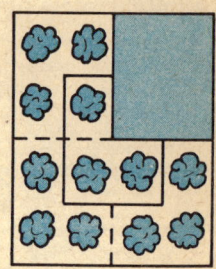

Um die Kinder auch mit Wortspielereien bekannt zu machen, haben wir ein Tafelbild vorbereitet und erzählen dazu folgende Begebenheit:

1, 2, 3, keine Zauberei

In der letzten Unterrichtsstunde hatten die Kinder zusammengesetzte Substantive geübt und einige an die Tafel geschrieben. Ein Spaßvogel hat die an der Tafel stehenden Wörter zum Teil abgewischt. Man sieht nur noch den Rest. Die kleinen Träumerle, die mal wieder mit dem Abschreiben nicht nachkamen, sitzen nun da. Wie hießen die Wörter nur? An der Tafel ist nur noch zu sehen:

```
Mon    se
Tannen    g
W    tadt
Kla    stunde
```

*Aber da kommt Reni aus der Zehnten. Sie ist die Gruppenpionier-
leiterin der Klasse. »Das ist doch ganz einfach«, sagt sie, »schreibt
die Zahlen 1, 2, 3 und 4 in Worten und setzt diese statt der fehlen-
den Buchstaben ein, dann sind die Wörter wieder vollständig.«
Wer weiß die Reihenfolge zuerst?
Auf der Rückseite der Tafel steht ja noch etwas:*

> **Wer findet die Blumen?**
> Rolf läuft mit Stulpenstiefeln
> durch die Pfützen.
> Am Tunnel kehrt er um.
> Peter kam ohne Hausaufgaben
> in die Schule.
> Am Frauentag sangen die Pioniere
> fünf Lieder.

*Was mag es wohl damit auf sich haben? Was sollen diese Sätze be-
deuten? Reni weiß auch hier Rat. »Seht einmal genau hin, in den
Sätzen sind doch vier Blumen versteckt." Wer findet sie? (Tulpen,
Nelke, Mohn, Flieder)*

In lockerer Folge Wissensfragen, Experimente und kleine
Geschichten darzubieten bringt Spannung in den Knobelnachmittag und läßt keine Langeweile aufkommen. Im Ge-
genteil, oftmals sind die Kinder so angeregt, daß sie zu
Hause gleich alles noch einmal ausprobieren und vorführen
wollen. Es bietet sich also an, einen solchen Knobelnachmittag mit einem Höhepunkt – einem Experiment oder einer Aufgabe – abzuschließen. Dazu ein Beispiel:

Der gerettete Wandertag

*Die Schüler der 3a sitzen gelangweilt in der fast leeren Gaststätte
und warten auf ihre Bockwurst. Draußen regnet es. Das ist vielleicht ein verpatzter Wandertag! Torsten klopft reihum an die auf
dem Tisch stehenden und schon zum Teil geleerten Brauseflaschen.
Er zählt ab: »Es regnet weiter, es regnet nicht weiter ...« Da hält*

ihm sein Freund Andreas die Hand fest. »Halt mal, das klingt ja wie ein Lied!«

Jetzt werden auch die anderen aufmerksam. Torsten klopft wieder an die Flaschen. Tatsächlich, »Hänschen klein, ging allein ...«, weiter geht es nicht. Im Nu werden noch ein paar Flaschen dazugestellt, aber es klappt trotzdem nicht. Jeder probiert es. »Ich habe es«, sagt Andreas, »guckt euch doch mal die Flaschen richtig an. In jeder ist noch etwas drin, aber in keiner die gleiche Menge.« Nun werden die Flaschen sortiert und in einer Reihe aufgestellt. In jeder Flasche ist etwas weniger Brause als in der vor ihr stehenden. Es wird wieder probiert. Als der Wirt mit der heißen Bockwurst kommt, wird er mit einem Lied und einem Flaschenkonzert begrüßt. Trotz Regen sieht der Wandertag nun schon viel fröhlicher aus.

Diese kleine Geschichte mit den Kindern nachzugestalten bringt noch einmal Bewegung und Spaß in die Veranstaltung. Mit der Empfehlung, solch ein Flaschenkonzert zu Hause selbst auszuprobieren, wird der Knobelnachmittag beendet.

Reise ins Land der Geheimnisse

Naturwissenschaftliche Experimente
und lustige Physik

BERNHARD SEIPELT

Vieles, was die Menschen früher noch nicht kannten, war
für sie ein Wunder, war Zauberei oder Hexerei. Heute wissen wir, daß es keine Zauberei, keine Hexerei und auch
keine Hexen gibt.
Für alles, was um uns her geschieht, gibt es eine Erklärung.
Die Wissenschaftler haben die Vorgänge und Erscheinungen in der Natur, in der Technik und auf vielen anderen
Gebieten beobachtet, untersucht und analysiert. So wurde
es zum Beispiel möglich, daß wir heute alle wissen, weshalb es blitzt und donnert, wodurch der Regen entsteht,
weshalb auf der Erde alles nach unten fällt, die Kosmonauten im All aber schweben und vieles andere mehr.
Mit Hilfe der Wissenschaften gelingt es den Menschen immer mehr, den Geheimnissen von Natur und Technik auf
die Spur zu kommen und diese zum Nutzen und zum
Wohl der Menschheit einzusetzen. Aber nicht jeder kann
alles wissen. Deshalb bereitet es vielen großen Spaß, wenn
der Zauberkünstler oder Magier im Zirkus Dinge vollbringt, die nicht jeder kann. Wie macht er das? Nun, eigentlich ist das ganz einfach. Er hat sich mit den Gesetzen
der Naturwissenschaften und mit der Mathematik besonders intensiv beschäftigt. Dadurch gelingt es ihm, mit nur
einfachen Mitteln oft erstaunliche Wirkungen zu erzielen
und die Zuschauer zu verblüffen. Welche Freude bereitet

es den Kindern aber, wenn sie ein solches Zauberkunststück selbst beherrschen, anderen etwas »vormachen« können. Beim Forschen und Experimentieren erschließen sich ihnen viele bisher geheimnisvoll erscheinende Dinge und ihre Zusammenhänge. Einige Experimente aus unserer »Trickkiste« sollen deshalb Anregungen geben, wie man bereits Kindern der Unterstufe die Geheimnisse naturwissenschaftlicher Gesetze erschließen und erste Erkenntnisse vermitteln kann. Und das auf eine äußerst vergnügliche Weise, bei der die Kinder nicht nur Zuschauer sind, sondern sich auch als kleine »Zauberer« beweisen können.

Die Erläuterungen zu den Experimenten sind so abgefaßt, daß sie erfahrungsgemäß von den Kindern verstanden und auch akzeptiert werden. Zunächst aber sollen sie staunen, sich wundern, wie dieses oder jenes zustandekommt. Das Sich-Wundern schließt letztlich das Verlangen ein, das vermeintliche Wunder zu ergründen, einer Sache selbst auf die Spur zu kommen. Und das wollen wir erreichen. Die Kinder lernen, Begriffe bestimmten Vorgängen zuzuordnen, sie mit den Experimenten und ihren Wirkungen in Zusammenhang zu bringen, und sie werden so mit ersten Kenntnissen für den naturwissenschaftlichen Unterricht ausgerüstet.

Alle Experimente lassen sich ohne großen Aufwand von den Kindern selbst oder auch mit den Kindern gemeinsam durchführen. Bei einigen wird es notwendig sein, die Sicherheitsbestimmungen zu beachten. Es gehört jedoch eine gewisse Risikobereitschaft des Erziehers dazu, mit offenem Licht oder mit Streichhölzern zu arbeiten. Die Kinder wissen aber bereits um die Gefahr offenen Lichtes und des Feuers. Einige ergänzende Hinweise durch die Erzieherin und einen Eimer Wasser bereitstellen zu lassen, sind die Voraussetzungen, um auch diese Experimente ausprobieren zu können.

Der Schlangendompteur

Wie kann man eine Papierschlange tanzen lassen?

Material: Serviette oder Seidenpapier (etwa 12 cm²), Schere, Blechdeckel, Hartgummistab oder Faserschreiber
Vorbereitung: Aus dem Papier eine spiralförmige Schlange ausschneiden, die bequem in einem Blechdeckel Platz hat.
Durchführung: Die Papierschlange wird in den Blechdeckel gelegt und der Schlangenkopf hochgebogen. Der Zauberstab (Hartgummistab oder Faserschreiber) wird kräftig mit einem Wolltuch gerieben und etwa 5 cm über dem Schlangenkopf hin und her geführt. Die Schlange richtet sich auf und schnappt mehrmals nach dem Stab.
Erklärung: Durch die Reibung mit dem Wolltuch hat sich der Stab mit Elektronen aufgeladen und zieht dadurch das Papier an. Bei der Berührung nimmt das Papier jedesmal einen Teil der Ladung des Stabes auf, gibt sie aber sofort an den gut leitenden Blechdeckel ab. Die Papierschlange wird erneut angezogen, bis die Ladung ausgeglichen ist.

Die Luftballonblitze

Wie können wir mit einem Luftballon Blitze erzeugen?

Material: Blechboden einer Backform, Wasserglas, Wolltuch, Luftballon, Schnur

Vorbereitung: Der Luftballon wird aufgeblasen, zugebunden und 20 Minuten liegengelassen. Den Blechboden auf das trockene Wasserglas legen.

Durchführung: Der Luftballon wird mit dem Wolltuch kräftig gerieben und danach auf das Blech gelegt. Nähert man sich mit dem Finger dem Blechrand, springt ein Blitz über.

Erklärung: Durch die Reibung mit dem Wolltuch lädt sich der Luftballon mit Elektronen auf. Das Metall leitet die Ladung weiter. Zwischen Finger und Metall kommt es zum Ausgleich, es blitzt. Der Blitz ist aber ebenso ungefährlich wie die Funken, die beim Ausziehen eines Kleidungsstückes aus Kunstfasern entstehen.

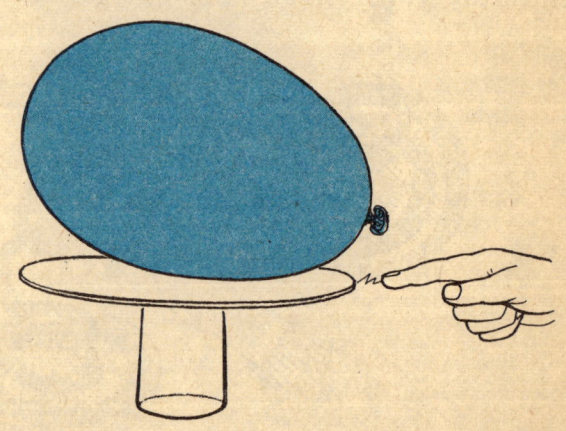

Der Ballon in der Flasche

Kann man einen Luftballon in der Flasche aufblasen?

Material: Luftballon, eine bauchige Flasche
Vorbereitung: Der Luftballon wird in die Flasche gesteckt und das Mundstück über den Flaschenhals gezogen.
Durchführung: Der Luftballon soll aufgeblasen werden. Man kann noch so kräftig in den Ballon pusten, es gelingt nicht.
Erklärung: Da die Luft in der Flasche nicht entweichen kann, bildet sie einen Gegendruck. In dem Maße, wie der Druck der Luft im Ballon größer wird, wächst der Gegendruck.

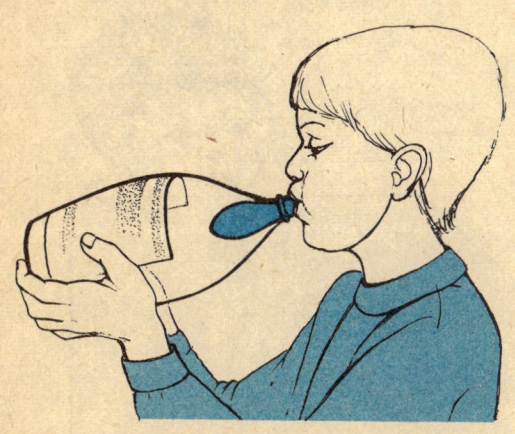

Die fliegenden Münzen

Wie kann man Münzen fliegen lassen?

Material: Pfennigstück, flacher Deckel
Vorbereitung: Das Pfennigstück und der Deckel werden etwa 10 cm voneinander entfernt auf den Tisch gelegt.
Durchführung: Kurzes, kräftiges, stoßweises Pusten etwa 5 cm über dem Geldstück. Der Pfennig hebt sich von der Tischplatte und wirbelt in den Deckel. (Es eignen sich auch kleine Scheiben vom Chipsspiel.)
Erklärung: Das Pfennigstück kommt in den Luftstrom und trudelt in den Deckel.

Der selbsttätige Luftballon
Wie bläst sich ein Luftballon selbst auf?

Material: Flasche, Luftballon, Topf mit warmem Wasser
Vorbereitung: Der Luftballon wird über eine möglichst ge-
kühlte leere Flasche gezogen.
Durchführung: Die Flasche mit dem Luftballon in einen
Topf mit warmem Wasser stellen. Der Ballon wird größer.
Erklärung: Durch das warme Wasser erwärmt sich die Luft
in der Flasche, sie dehnt sich aus und füllt den Ballon. Wird
die Flasche nun abgekühlt, zieht sich die Luft wieder zusammen und der Ballon erschlafft.

Die Papierbrücke

Wie kann ein Blatt Papier einen mit Wasser gefüllten Becher tragen?

Material: Zwei Holzklötze, zwei Zeichenblätter, mit Wasser gefüllter Becher

Vorbereitung: Ein Zeichenblatt wird der Länge nach mehrmals gefaltet. Die Faltenhöhe soll 1,5 cm bis 2 cm betragen.

Durchführung: Zunächst wird das ungefaltete Zeichenblatt als Brücke auf die beiden Holzklötze gelegt. Diese Brücke trägt den mit Wasser gefüllten Becher nicht. Legt man aber das gefaltete Zeichenpapier auf die Holzklötze, trägt die Brücke den mit Wasser gefüllten Becher.

Erklärung: Das gefaltete Papier bildet mehrere schräggestellte Wände, auf die sich die Last des Bechers verteilt. Die »gefaltete« Brücke hat also größere Stabilität. Durch Verformung von Materialien mit verschiedenen Profilen wird die Stabilität erhöht (Wellbleche, Wellpappe, Autobleche usw.).

Das schwebende Wasser

Warum läuft Wasser aus einem umgedrehten Glas nicht aus?

Material: Trinkglas oder Becher, Wasser, Postkarte

Durchführung: Das Glas oder der Becher wird bis zum Rand mit Wasser gefüllt und mit einer Postkarte abgedeckt. Man hält die Karte mit einer Hand fest und dreht das Gefäß mit Schwung mit der Öffnung senkrecht nach unten. Die Karte kann jetzt vorsichtig losgelassen werden, es läuft kein Wasser aus dem Glas heraus.

Erklärung: Der Druck der Luft von unten ist größer als der Druck der Flüssigkeit, deshalb kann das Wasser nicht auslaufen.

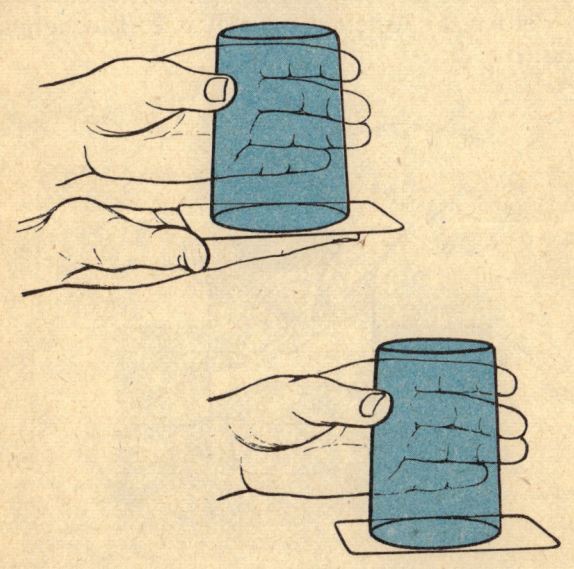

Die Taucherglocke

Wie taucht man ein Tuch ins Wasser, ohne daß es naß wird?

Material: Trinkglas oder Becher, Taschentuch, Schüssel mit Wasser

Vorbereitung: Das Taschentuch wird so fest in das Trinkglas oder in den Becher gedrückt, daß es nicht herausfällt, wenn man das Gefäß mit der Öffnung nach unten hält.

Durchführung: Das Trinkglas bzw. den Becher mit der Öffnung nach unten ins Wasser tauchen. Das Taschentuch wird nicht naß.

Erklärung: Die Luft im Glas wird durch das Wasser eingeschlossen, sie verhindert das Eindringen des Wassers, und das Taschentuch im Glas bleibt trocken. (Nach diesem Prinzip werden für Arbeiten unter Wasser Taucherglocken eingesetzt.)

Der Zaubertrichter

Wo bleibt die Luft im Trichter?

Material: Trichter, Tischtennisball
Vorbereitung: Der Tischtennisball wird in den Trichter gelegt.
Durchführung: Man pustet kräftig durch die Tülle des Trichters, der mit der Öffnung schräg nach oben gehalten wird. Der Ball bleibt im Trichter liegen, er fliegt nicht davon.
Erklärung: Der Luftstrom trifft nicht mit voller Wucht den Ball, sondern er geht um den Ball herum. An diesen Stellen verringert sich der Luftdruck. Die sich vor dem Ball bildenden Luftwirbel pressen den Ball fest in die Öffnung des Trichters.

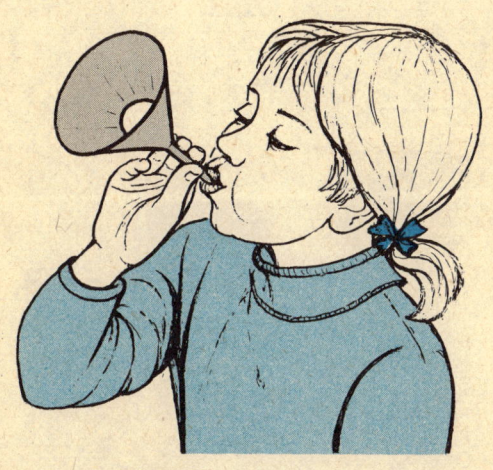

Das Glaskonzert

Wie kann man mit Glas musizieren?

Material: Ein dünnwandiges Trinkglas
Vorbereitung: Das Glas bis zur Hälfte mit Wasser füllen.
Durchführung: Mit dem nassen Zeigefinger fährt man langsam auf dem Glasrand entlang, es entsteht ein klingender Ton. (Anmerkung: Der Finger muß fettfrei und naß sein, er muß am Glasrand »reiben«.)
Erklärung: Durch das Reiben des Fingers am Glasrand wird das Glas in Schwingungen versetzt, dadurch entsteht der Ton. Die Tonhöhe richtet sich nach der Wassermenge im Glas.

Der Geistertaler
Wie läßt man eine Münze klappern?

Material: Leere Flasche, Zweimarkstück, Schüssel mit hei-
ßem Wasser
Durchführung: Die leere Flasche wird abgekühlt. Nun die
Ränder der Flaschenöffnung mit Wasser befeuchten und
die Öffnung mit dem Zweimarkstück zudecken. Die Flasche vorsichtig in die Schüssel mit dem heißen Wasser stellen. Nach einiger Zeit klappert das Geldstück.
Erklärung: Die Luft in der Flasche wird durch das heiße
Wasser erwärmt, dehnt sich aus und hebt die Münze.

Spiegeleier – Eierspiegel

Wie kann man ein Ei vermehren?

Material: Ein Ei, Eierbecher, zwei Spiegel etwa
6 cm × 12 cm groß
Vorbereitung: Die beiden Spiegel werden im Hochformat,
rechtwinklig zusammengestellt.
Durchführung: Das Ei wird mit dem Eierbecher in die Mitte
der beiden Spiegel gestellt. Es widerspiegelt sich drei-
mal.
Erklärung: Wenn man zwei Spiegel im Winkel von 90° zu-
einander stellt, so entstehen drei Bilder, bei 72° vier usw. Je
kleiner der Winkel ist, um so mehr Bilder entstehen im
Spiegel.

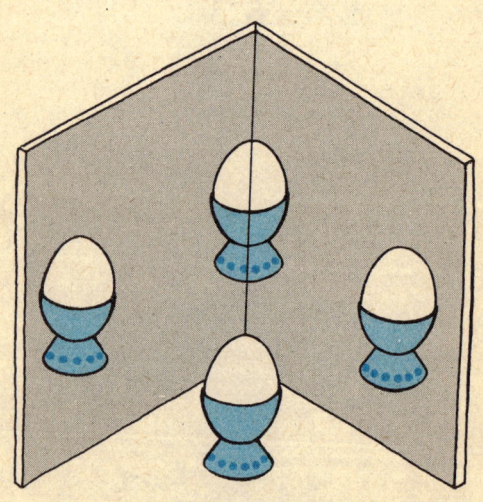

Der balancierende Knopf

Wie kann ein Knopf auf dem Rand einer Tasse balancieren?

Material: Tasse, zwei Gabeln, flacher Knopf
Vorbereitung: Der Knopf wird zwischen die Zinken der beiden Gabeln gesteckt.
Durchführung: Der Knopf mit den Gabeln wird waagerecht auf den Tassenrand gelegt, er balanciert. Der Winkel zwischen den beiden Gabeln muß durch Probieren gefunden werden.
Erklärung: Die Gabelgriffe verlagern den Schwerpunkt des Knopfes über den Tassenrand, dadurch wird das Gleichgewicht gehalten.

Die Zauberluft

Wie befördert man eine Münze ins Glas,
ohne sie anzufassen?

Material: Wasserglas, Spielkarte, Münze

Vorbereitung: Die Spielkarte wird so über das Wasserglas gelegt, daß an einer Seite eine Öffnung bleibt. Die Münze auf die Spielkarte legen.

Durchführung: Nur einmal kurz in die Öffnung des Glases pusten.

Erklärung: Die Luft im Glas wird zusammengepreßt, sie hebt die Karte an und die Münze rutscht in das Glas.

Der Flaschenteufel

Wie können wir einen Flaschenteufel tanzen lassen?

Material: Schmales, leeres Tablettenröhrchen mit Verschlußkappe, durchsichtige Flasche, Flaschenverschluß (Gummikappe), Gefäß mit Wasser

Vorbereitung: In die Verschlußkappe des Tablettenröhrchens wird ein Loch gepiekt, das Röhrchen halb mit Wasser gefüllt und mit der Kappe verschlossen. Das ist unser Flaschenteufel. Nun das Röhrchen probeweise mit dem Verschluß nach unten in das Gefäß mit Wasser stellen. Es darf nur etwa 1 mm bis 2 mm herausragen. Nötigenfalls mit der Wassermenge im Röhrchen die Eintauchtiefe regulieren. Dann stecken wir das Flaschenteufelchen mit der Verschlußkappe nach unten in die bis oben mit Wasser gefüllte Flasche, die mit der Gummikappe verschlossen wird.

Durchführung: Drückt man auf die Verschlußkappe der Flasche, sinkt das Röhrchen auf den Flaschenboden. Läßt man den Druck nach, steigt es wieder hoch, unser Flaschenteufel tanzt rauf und runter.

Erklärung: Wasser läßt sich nicht zusammendrücken, aber die Luft. Durch den Druck auf die Verschlußkappe wird die Luft im Röhrchen zusammengedrückt, es füllt sich mit Wasser, und das Röhrchen sinkt. Beim Nachlassen des Druckes dehnt sich die Luft wieder aus, drückt das Wasser heraus, und das Teufelchen steigt nach oben.

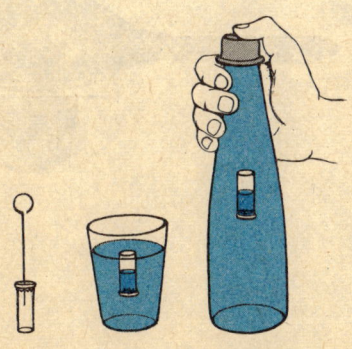

Der Klebespiegel

*Wie hängt man einen mit Wasser gefüllten Becher
an den Spiegel?*

Material: Handspiegel, Löschpapier, durchsichtiger Plastbecher mit glattem Rand

Vorbereitung: Der Plastbecher wird zu $1/4$ mit Wasser gefüllt, das Löschpapier auf den Becher gelegt und mit dem Handspiegel zugedeckt. Das Ganze umdrehen und auf den Tisch stellen.

Durchführung: Nach kurzer Zeit faßt man den Spiegel am Handgriff, hält den Becher fest und dreht das Ganze wieder um. Der Becher hängt nun am Spiegel.

Erklärung: Das Löschpapier saugt etwas Wasser aus dem Becher. Die Luft im Becher hat nun mehr Platz als vorher, sie dehnt sich aus und wird dünner. Da der Luftdruck von außen größer ist, drückt er den Becher an den Spiegel.

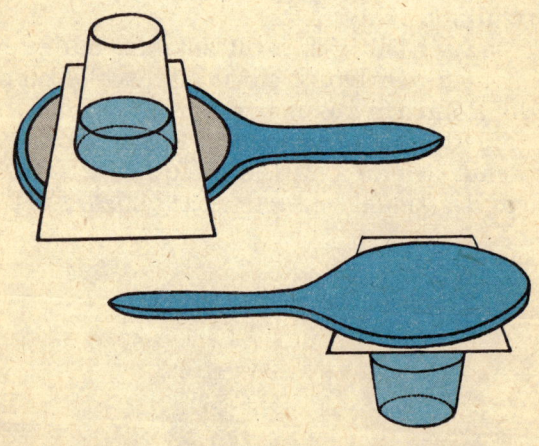

Der Zauberstab

Wie zwingt man einen Faden, einen Kreis zu bilden?

Material: Schüssel mit Wasser, einen etwa 10 cm langen, dünnen Wollfaden, Wurstspeiler, Fit

Vorbereitung: Den Faden knoten wir zu einer Schlinge und legen ihn in eine mit Wasser gefüllte Schüssel. Hier schwimmt er schlangenartig und unregelmäßig umher.

Durchführung: Der Wurstspeiler wird in Fit und danach gleich ins Wasser getaucht, und zwar in die Mitte der Schlinge. Der Faden bildet sofort einen Kreis.

Erklärung: Beim Eintauchen des Wurstspeilers in das Wasser verteilt sich das anhaftende Fit nach allen Seiten gleichmäßig. Es dringt zwischen die Wasserteilchen, die durch die Oberflächenspannung hautartig zusammengehalten werden. Die Oberflächenspannung reißt auf. Die in Bewegung geratenen Flüssigkeitsteilchen streben nach außen, stoßen gegen die Schlinge und straffen sie. Der Faden bildet einen Kreis.

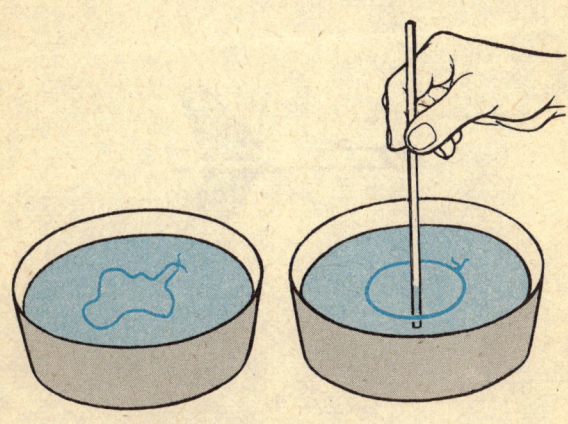

Die Preßluftrakete

Wie kann man mit Luft schießen?

Material: Plastflasche mit Verschlußkappe, ein dickes und ein dünnes Trinkröhrchen, Knete, Buntpapier, Klebstoff

Vorbereitung: In die Kappe der Plastflasche bohren wir ein Loch. Der dünne Trinkhalm wird eingepaßt und mit Klebstoff abgedichtet. Das ist die Abschußrampe. Von dem dicken Trinkröhrchen werden 8 cm abgeschnitten. An das eine Ende kleben wir das aus Buntpapier gefertigte Leitwerk, an dem anderen Ende befestigen wir eine aus Knete geformte Spitze. Das ist unsere Rakete.

Durchführung: Die Rakete wird auf das Rohr der Abschußrampe geschoben. Die Knete der Raketenspitze wird leicht auf das Rohr der Abschußrampe gedrückt. Wenn man nun kräftig auf die Plastflasche drückt, fliegt die Rakete.

Erklärung: Durch das Zusammendrücken der Plastflasche, wird die darin befindliche Luft zusammengepreßt. Es entsteht ein so hoher Luftdruck, daß sich die Raketenspitze vom Rohr löst. Die Luft dehnt sich aus und schleudert die Rakete fort.

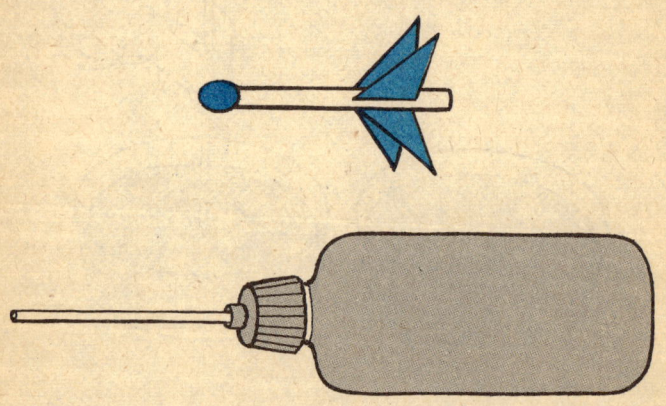

Der widerspenstige Trichter
Weshalb läßt der Trichter das Wasser nicht durch?

Material: Flasche, Trichter, Gummikappe, Gefäß mit Wasser, Trinkhalm
Vorbereitung: Die Gummikappe mit einem spitzen Messer durchstechen, den Trichter hindurchstecken und dann die Kappe mit dem Trichter auf die Flasche ziehen.
Durchführung: Gießt man Wasser mit einem Schwung in den Trichter, bleibt es darin stehen. Es läuft nicht in die Flasche.
Erklärung: Die in der Flasche eingeschlossene Luft hält das Wasser im Trichter zurück. Steckt man einen Trinkhalm durch den Trichter bis in die Flasche hinein, dann kann die Luft entweichen und das Wasser fließt in die Flasche.

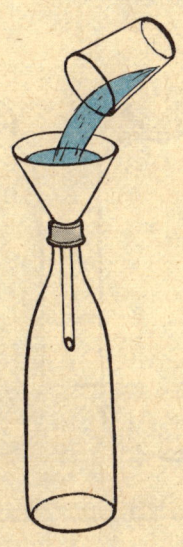

Das Zauberglas

Wie kann man Geld unsichtbar machen?

Material: Ein Industrieweckglas mit Verschlußdeckel, ein Geldstück, eine Holzplatte etwa 30 cm × 30 cm, ein Gefäß mit Wasser

Vorbereitung: Wir legen das Geldstück auf die Holzplatte und stellen dann das Glas darauf. Nun sieht es so aus, als läge die Münze im Glas.

Durchführung: Man zeigt das Glas mit der Münze. Gießt man nun Wasser in das Glas und verschließt es mit dem Deckel, ist die Münze nicht mehr zu sehen.

Erklärung: Die Münze ist durch das leere Glas zu sehen, weil die Lichtstrahlen von der Münze zurückgeworfen werden. Füllt man Wasser in das Glas, gehen die Strahlen nicht mehr hindurch, sie erzeugen einen silbrigen Glanz am Glasboden, die Totalreflexion.

Die unsichtbare Kraft

Wie kann man verhindern,
daß zwei Luftballons aneinanderstoßen?

Material: Zwei Luftballons, Schnur, ein Wolltuch
Vorbereitung: Die beiden Luftballons werden aufgeblasen
und mit der Schnur zugebunden. Nach etwa 10 bis 15 Minuten kann man mit dem Experiment beginnen. (Vorausset-
zung dafür sind trockene Luft und trockene Hände.)
Durchführung: Die Ballons werden mit dem Wolltuch mehrmals gerieben und anschließend an den beiden Enden der
Schnur (etwa 50 cm lang) zusammengenommen. Die Ballons stoßen einander ab.
Erklärung: Beide Ballons wurden durch das Reiben negativ
aufgeladen. Da sich gleiche Ladungen abstoßen, werden sie
auseinandergehalten.

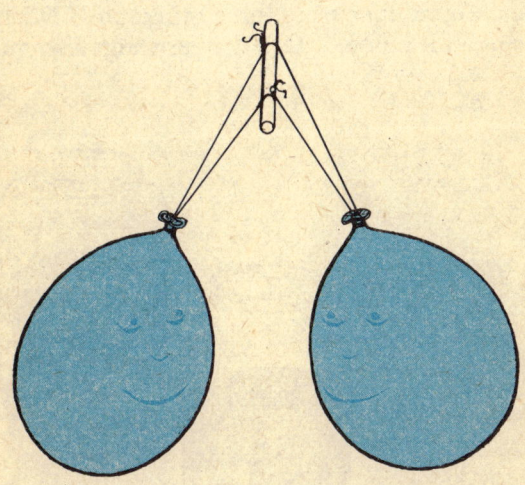

Die sonderbare Wasserverdrängung

Ist das Geldstück leichter geworden?

Material: Einweckglas, Deckel einer Cremeschachtel, Geldstück, Filzstift

Vorbereitung: Das Einweckglas zu ³/₄ mit Wasser füllen, den
Wasserstand mit Filzstift markieren.

Durchführung: Man legt das Geldstück in den Deckel der
Cremeschachtel und läßt diesen im Einweckglas schwim-
men. Der Wasserstand wird wieder markiert. Nun nehmen
wir das Geldstück aus dem Deckel. Der Wasserstand fällt
fast bis zur ersten Markierung. Jetzt lassen wir die Münze
ins Wasser gleiten, aber der markierte Wasserstand wird
nicht wieder erreicht.

Erklärung: Das Geldstück ist etwa neunmal so schwer wie
Wasser. Der Deckel mit der Münze verdrängt also durch
sein Gewicht das Wasser, das nach oben steigt. Die Münze
im Wasser nimmt aber trotz ihres größeren Gewichtes nur
einen geringen Raum ein. Das Wasser steigt also nur wenig
an.

Die rollende Kugel im Glas

Wie kann man eine Kugel im umgestülpten Glas transportieren?

Material: Holzkugel oder Murmel, Marmeladenglas
Vorbereitung: Die Kugel wird auf den Tisch gelegt und das Marmeladenglas mit der Öffnung nach unten darüber gestülpt.
Durchführung: Mit dem Glas werden immer schneller werdende kreisförmige Bewegungen ausgeführt, und die Kugel wird zum Rotieren gebracht. Die Kugel rollt an der Glaswand entlang. Nun kann man das Glas hochheben, ohne daß die Kugel herausfällt.
Erklärung: Durch die Zentrifugal- oder Fliehkraft wird die Kugel gegen die Innenwand des Glases gedrückt. Die Verengung der Öffnung des Marmeladenglases verhindert, daß die Kugel herausgeschleudert wird.

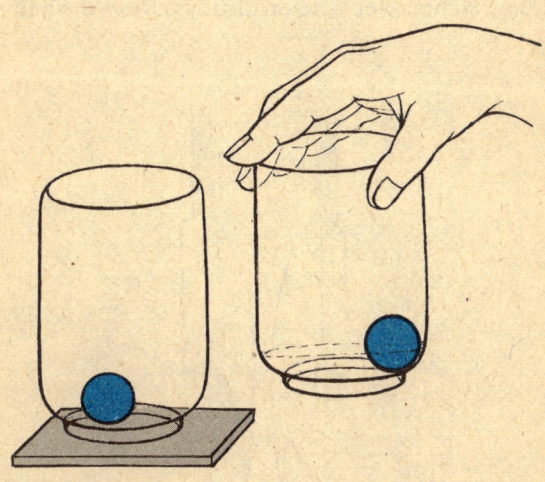

Die gegenteilige Wirkung

Wie verhalten sich zwei Postkarten,
zwischen denen man hindurchpustet?

Material: Zwei Rundhölzer oder Bleistifte, zwei Postkarten

Vorbereitung: Die beiden Postkarten werden der Länge nach über die Tischkante gezogen, so daß sie sich leicht wölben. Dann eine Schmalseite der Karten etwa 1 cm umknicken und über die Rundhölzer hängen.

Durchführung: Mit der gewölbten Seite nach innen werden die beiden Postkarten im Abstand von 2 cm bis 3 cm nebeneinander gehalten. Nun wird von oben kräftig in den Zwischenraum gepustet. Der Zwischenraum vergrößert sich nicht, überraschenderweise werden die Karten sogar zusammengedrückt.

Erklärung: Durch das kräftige Pusten entsteht zwischen den Karten ein verminderter Luftdruck. Der normale Druck an den Außenflächen der Karten drückt diese deshalb zusammen.

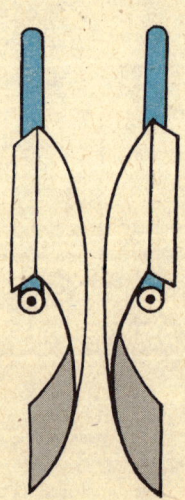

Die unsichtbaren Glocken

Wie kann man Glockenklang mit der Gabel erzeugen?

Material: Etwa 2 m Schnur, Gabel
Vorbereitung: In der Mitte der Schnur befestigen wir den Stiel der Gabel durch mehrmaliges Umwickeln. Die beiden Enden der Schnur werden um jeweils einen Finger der rechten bzw. der linken Hand geschlungen.
Durchführung: Die mit der Schnur umwickelten Finger werden in die Ohren gesteckt. Die Gabel baumelt, die Schnur muß straff sein. Nun lassen wir die Gabel gegen die Wand oder gegen den Schrank (Tisch o. ä.) schlagen. In den Ohren erklingen die herrlichsten Glockentöne.
Erklärung: Durch den Stoß gegen die Wand gerät die Gabel in Schwingungen. Diese setzen sich durch die Schnur fort, und wir können sie hören.

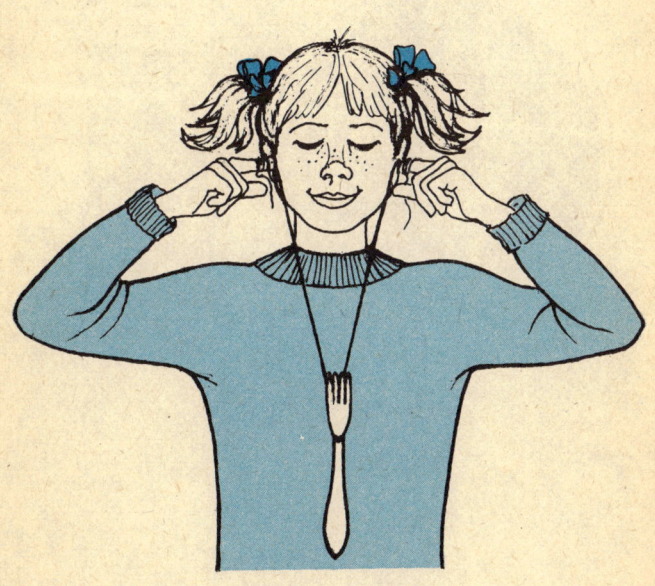

Die Fit-Rakete

Wie kann man Fit als Treibstoff nutzen?

Material: Schüssel mit Wasser, Fit oder ein anderes Spülmittel, Papier, Schere
Vorbereitung: Aus dem Papier schneiden wir die Umrisse einer Rakete aus. Die Rakete wird auf das Wasser gelegt.
Durchführung: Zwischen die Leitwerke der Rakete geben wir einen Tropfen Fit, und schon saust die Rakete los.
Erklärung: Durch das Fit wird die Oberflächenspannung des Wassers zerstört. Die Flüssigkeitsteilchen streben auseinander und treiben dadurch die Rakete vorwärts.

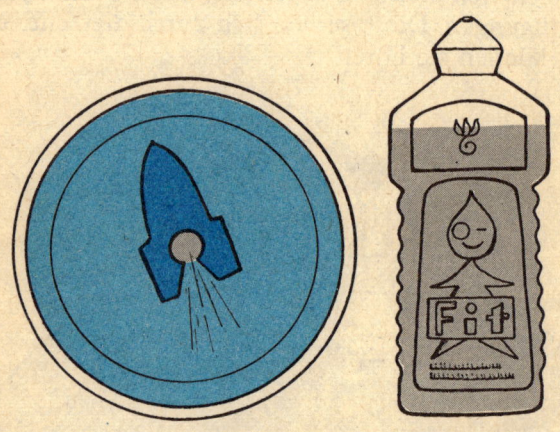

Das Pfeffer- und Salzgemisch

Wie kann man ein Pfeffer- und Salzgemisch trennen?

Material: Teller, etwas Pfeffer und Salz, Plastlöffel, Wolltuch

Vorbereitung: Wir vermischen Pfeffer und Salz auf einem Teller.

Durchführung: Der Plastlöffel wird mit dem Wolltuch kräftig gerieben. Halten wir jetzt den Löffel über unser Gemisch, springen die Pfefferteile an den Löffel, während die schwereren Salzteile auf dem Teller bleiben.

Erklärung: Durch das Reiben des Plastlöffels mit einem Wolltuch, ladet sich dieser elektrostatisch auf und zieht dadurch die leichten Pfefferteile an.

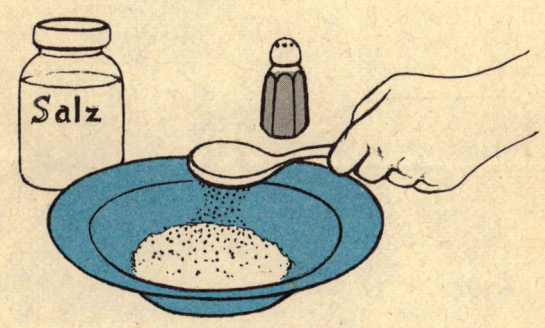

Der Schuß nach hinten

Kann man ein Papier- oder Wattebällchen durch Pusten in eine Flasche befördern?

Material: Papier- oder Wattebällchen, leere Flasche
Vorbereitung: Wir legen die Flasche auf den Tisch und das Papier- oder Wattebällchen vorn in den Flaschenhals.
Durchführung: Durch kräftiges Pusten wird versucht, das Bällchen in die Flasche zu befördern. Es fliegt statt dessen aber immer wieder heraus.
Erklärung: Die durch das Pusten in die Flasche eindringende Luft erhöht den Luftdruck darin, der nach außen entweicht und das Bällchen dem Pustenden entgegenschleudert.

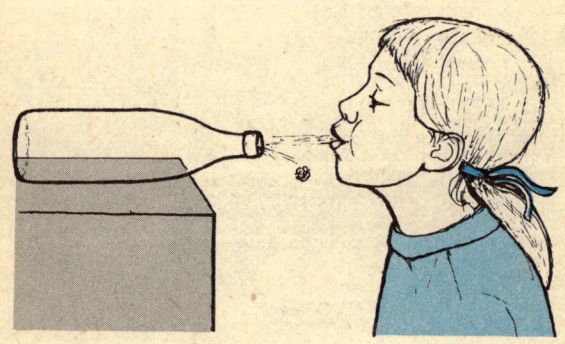

Die Streichholzraketen

Wie kann man aus Seife einen Motor machen?

Material: Streichhölzer, Seife, Messer, Schüssel mit Wasser

Vorbereitung: Zwei bis drei Streichhölzer werden am Ende mit dem Messer aufgespalten. In den Spalt drücken wir etwas Seife.

Durchführung: Die so vorbereiteten Streichhölzer werden in die Schüssel mit Wasser gelegt, sie bewegen sich rasch vorwärts.

Erklärung: Die sich auflösende Seife zerstört die Oberflächenspannung des Wassers. Es kommt zu einer Bewegung der Flüssigkeitsteilchen nach hinten, die als Gegenwirkung das Vorschnellen der Streichhölzer (Raketenboot) zur Folge hat.

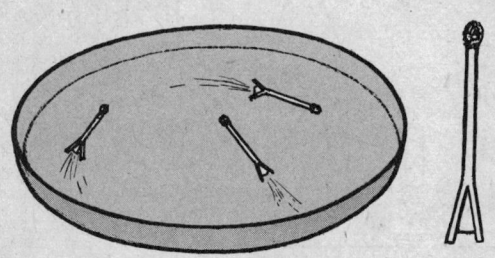

Die geheimnisvolle Luftströmung

Kann man eine brennende Kerze auspusten,
die hinter einer Flasche steht?

Material: Flasche, Kerzenhalter mit Kerze
Vorbereitung: Die brennende Kerze wird etwa 5 cm bis 8 cm hinter der Flasche aufgestellt.
Durchführung: Wir pusten in Höhe der Kerzenflamme kräftig gegen die Flasche. Die Kerze erlischt.
Erklärung: Beim Auftreffen auf die Flasche teilt sich der Luftstrom und gleitet um die Flasche herum. Hinter der Flasche entstehen Luftwirbel, die die Flamme auslöschen.

Das magische Ei

Lege-, Schiebe- und Kombinationsspiele

Peter Nitschkowsky

Denkspiele sind anstrengend. Welches Vergnügen aber das erlösende »Ich habe es geschafft!« begleitet, sollen auch unsere Kinder erfahren, und das so früh wie möglich. Werden doch beim beharrlichen Ausprobieren wertvolle Erfahrungen gesammelt und beim Vorausdenken (»wenn – dann«) Kenntnisse gefordert und gefördert. Wir haben bei unserer Auswahl der Spiele darauf geachtet, daß es solche sind, die den Kindern Freude machen, einfache Regeln haben, nicht eintönig sind, sich nach Schwierigkeitsgraden variieren lassen und sich sowohl als Gruppen- als auch als individuelles Spiel eignen.

Aber ebenso schnell wie sich Kinder begeistern lassen, vergeht ihr Interesse am Spiel, wenn die Anforderungen zu hoch oder zu niedrig sind. Bei Knobelstraßen oder -strecken, wie wir sie im Sommer im Freien aufstellen, ist das einfach. Die Kinder wenden sich jeweils dem Spiel zu, das ihnen Spaß macht und ihren Kenntnissen entspricht. Bei Knobel- oder Kombinationsspielen im Hort muß die Erzieherin die individuellen und Altersbesonderheiten der Kinder berücksichtigen.

Aus der breiten Palette der Denkspiele mit denen sich Kinder gerne beschäftigen, machen wir hier mit verschiedenen Lege-, Schiebe- und Kombinationsspielen bekannt und geben auch Anregungen, wie man solche Spiele selbst anfertigen kann. Papier, Pappe, Plaste, Hartfaser oder Sperrholz und ein bißchen Farbe, mehr braucht man nicht dazu. Mit etwas Geduld und Geschick können dauerhafte Spiele auch aus Holz selbst hergestellt werden. Oftmals genügt es schon, eine Ansichtskarte oder ein Bild aus der Zeitung zu zerschneiden und fertig ist das Puzzle.

Legespiele erfreuen sich neuerdings besonderer Beliebtheit. Am bekanntesten ist das Tangram. Aus den sieben Teilen dieses Spiels lassen sich bis zu 1600 verschiedene Figuren legen. Geduld und Einfallsreichtum sind notwendig, um Figuren nachzulegen oder selbst welche kreativ zu gestalten. Dieses Spiel läßt viele Varianten zu, es dient auch als Vorbild für andere Spiele. Ein anderes Legespiel, »Das magische Ei«, ermöglicht es, neben vielen anderen Figuren 40 verschiedene Vögel darzustellen. Die Spielregeln verlangen, daß stets alle Teile verwendet werden müssen. Geduld und Einfallsreichtum sind also erforderlich.

Schiebespiele sind in der Geschichte der Spiele schon sehr alt. Hierbei kommt es stets darauf an, nur durch Verschieben einzelner Teile längs einer Geraden eine gewünschte Endstellung zu erreichen. Die Varianten der Schiebespiele sind ebenfalls sehr vielfältig. Mit nur wenigen Teilen kann man sowohl einfache als auch schwierige Aufgaben lösen. Beharrliches, systematisches Ausprobieren gehören dazu, wenn man die Lösung finden will. Als besonderen Spaß für die 1. und 2. Klasse haben wir ein Schiebespiel übernommen, das mit einer Geschichte vom Bock und dem Gärtner verbunden ist.

Kombinationsspiele fördern besonders intensiv das folgerichtige Denken. Um die geforderte Endstellung zum Beispiel beim »Turm von Hanoi« zu erreichen, wird man die Lage der Teile mehr oder weniger oft verändern müssen, je nachdem wie gut vorausgedacht worden ist. Bei allen diesen Spielen müssen die Kinder vom Probieren zum bewußten Überlegen kommen, müssen sie die Beziehungen vom Teil zum Ganzen erfassen, Phantasie und Vorstellungsvermögen entwickeln. Sie trainieren dabei unbewußt Willensstärke, Konzentration, Ausdauer und Kombinationsgabe.

LEGESPIELE

Bereits bei unseren Großeltern und noch viel früher waren Legespiele beliebt und bekannt. Eines der ältesten Legespiele ist das Tangram.

Um die Kinder schrittweise an das Ausdauer, Phantasie und konstruktives Vorstellungsvermögen entwickelnde Spiel heranzuführen, haben wir es vereinfacht. Das Quadrat wurde in nur *fünf Teile* zerlegt. Der Schwierigkeitsgrad dieses Spiels läßt sich steigern, indem das Quadrat in *sechs* oder auch in *sieben Teile* zerlegt wird.

Das siebenteilige Spiel entspricht einer etwas leichteren Variante des Tangram, das aber bei unseren Beispielen auch nicht fehlt. Immer alle Teile beim Spiel zu verwenden ist sehr schwer. Als Lösungshilfe kann bei allen Spielen jeweils die Lage einiger Teile vorgegeben werden. Besonderen Spaß bereitet es, wenn eine Figur gelegt wird, die dann zu erraten ist. Der Phantasie sollten dabei keine Grenzen gesetzt werden, deshalb ist zu empfehlen, den Kindern bei diesen Spielen nur wenig gezielte Aufgaben zu stellen; vielmehr können gute Lösungen, das heißt, wenn eine gelegte Figur gut erkennbar ist, als Muster und Ansporn für die anderen Schüler genutzt werden. Es ist also vorwiegend als kreatives Spiel zu verwenden. Unsere Beispiele geben dazu einige Anregungen.

Weitere Legespiele sind das *Pentomino* und das *Hexatrion*. Das Pentomino besteht aus 12 unterschiedlichen Figuren, die jeweils aus 5 Quadraten zusammengesetzt sind. Mit dem Spielsatz der 12 Pentominos läßt sich eine Vielfalt geometrischer Figuren legen. Auch die Abbildung von Gegenständen und Tieren ist möglich. Besonders interessant an diesem Spiel ist, daß sich die Form jedes einzelnen Pentominos mit den restlichen Steinen nachbauen läßt. Ansonsten sind auch hier immer alle Teile zu verwenden.

Das Hexatrion ist ähnlich dem Pentomino, nur ist es aus Dreiecken zusammengesetzt. Auf 12 verschiedene Arten sind jeweils 6 gleichseitige Dreiecke zusammengefügt. Auch hier kommt es darauf an, unter Verwendung aller

Teile die unterschiedlichsten Figuren zu legen. Bei beiden Spielen wird es notwendig sein, die Lage von möglichst zwei oder drei in der Mitte liegenden Teilen vorzugeben. Welches von den beiden Spielen das schwierigere sein wird, kann hier nicht gesagt werden, es kommt auf das Interesse und Vorstellungsvermögen der Kinder an.

Auf keinen Fall sollte man die Mühe scheuen, jeweils einen oder mehrere Sätze dieser vielseitigen Spiele anzufertigen. Aus einem entsprechend großem Stück Pappe, Hartfaser, Plaste oder Sperrholz lassen sich diese Legespiele schnell und einfach herstellen. Maßstab für die Einzelteile der quadratischen Legespiele ist jeweils das große Quadrat. Beim Pentomino und Hexatrion kommt es auf das vorhandene Material an, wie groß die einzelnen Teile anzufertigen sind. Für alle Legespiele werden nachstehend zahlreiche Beispiele gezeigt. Einige Figuren, die man mit diesen Teilen legen kann, sollten den Kindern als Anregung vorgegeben werden. Dazu ist jeweils eine Figur in Originalgröße auf Zeichenpapier zu übertragen, auf der Rückseite die gleiche Figur noch einmal, bei der ein bestimmtes Teil und seine Lage zu erkennen sind. In einer Folietasche bleibt das Bild sauber, stabil und längere Zeit verwendbar.

Zur Veranschaulichung wird das Bild hochgehoben, auf den Tisch gestellt oder an der Tafel befestigt. Die Kinder sehen so die Figur vor sich und können probieren, sie nachzulegen. Bei den einfacheren Figuren, zum Beispiel mit den Teilen des fünfteiligen Quadrates, ist das für Unterstufenkinder nicht schwer. Anders ist es beim sechs- und siebenteiligen Quadrat oder gar beim Tangram. Auch beim Spiel mit Pentomino und Hexatrion bedarf es einiger Übung und der Hilfe durch die Erzieherin. Mit der Rückseite der Vorlage kann man den Kindern, die gar nicht weiterkommen, eine Anregung geben. Die vorgegebenen Figuren nachzulegen erfordert viel Ausdauer und Geduld, deshalb sollte nicht unbedingt auf Detailtreue geachtet werden. Hauptsache ist, daß man erkennen kann, was die Figur darstellen soll. Nur so wird das Interesse an Legespielen und am spielerischen Gestalten gefördert.

Fünfteiliges Legespiel

Aufgaben

Sechsteiliges Legespiel

Aufgaben

Lösungen

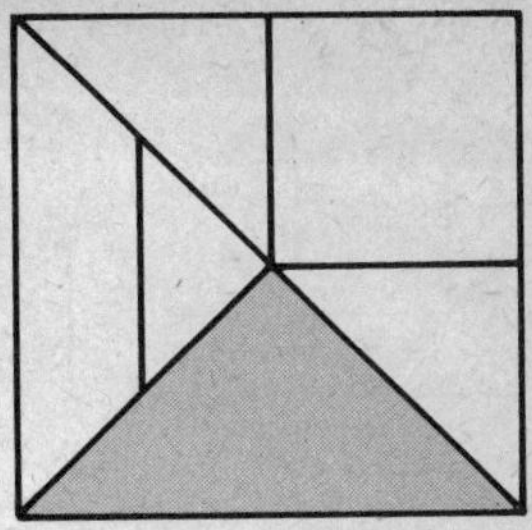

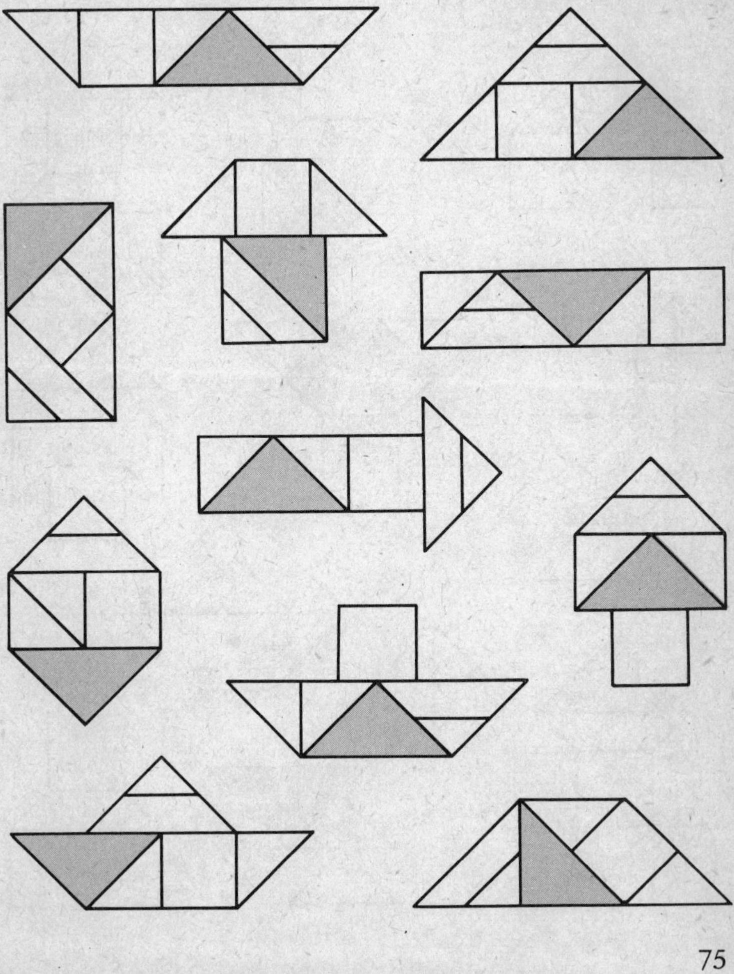

Siebenteiliges Legespiel

Aufgaben

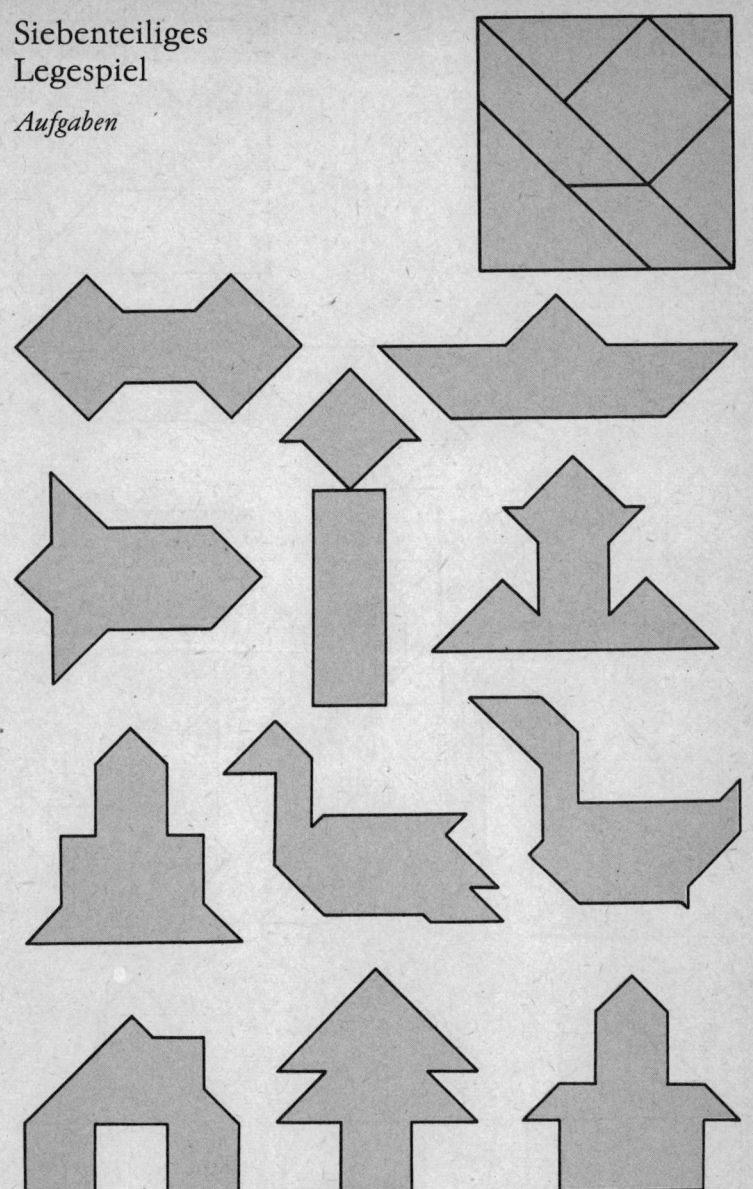

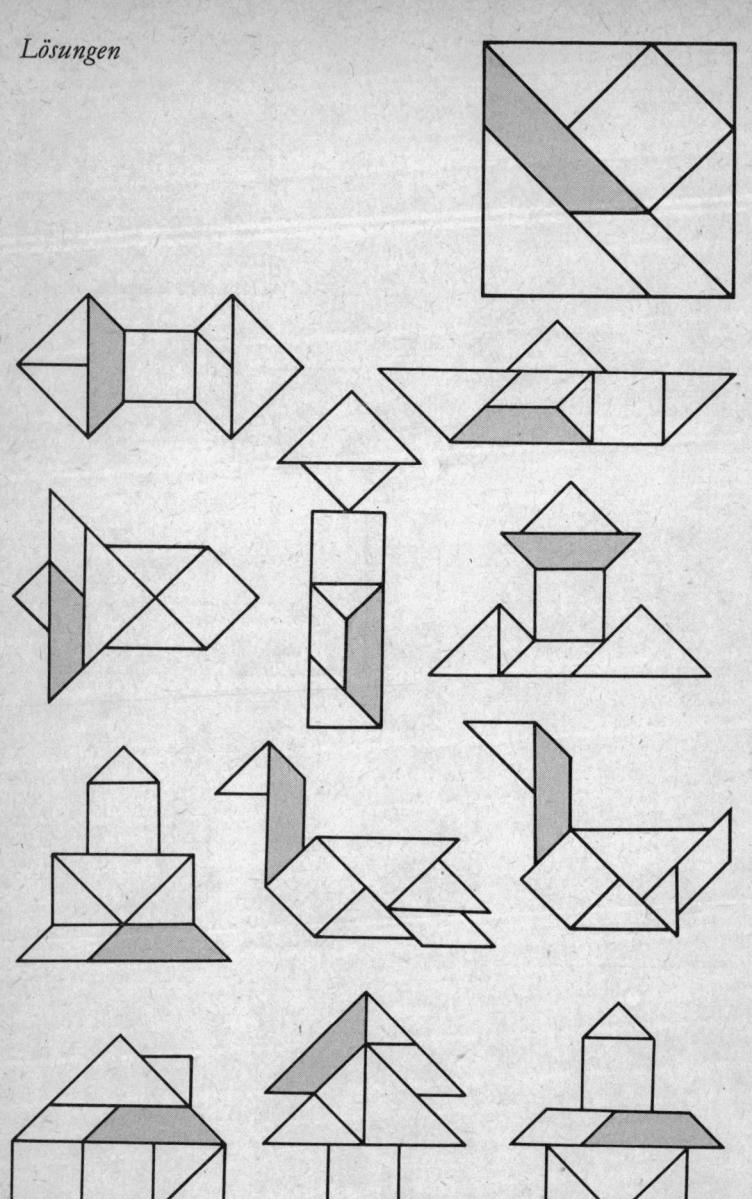

Tangram

Aufgaben

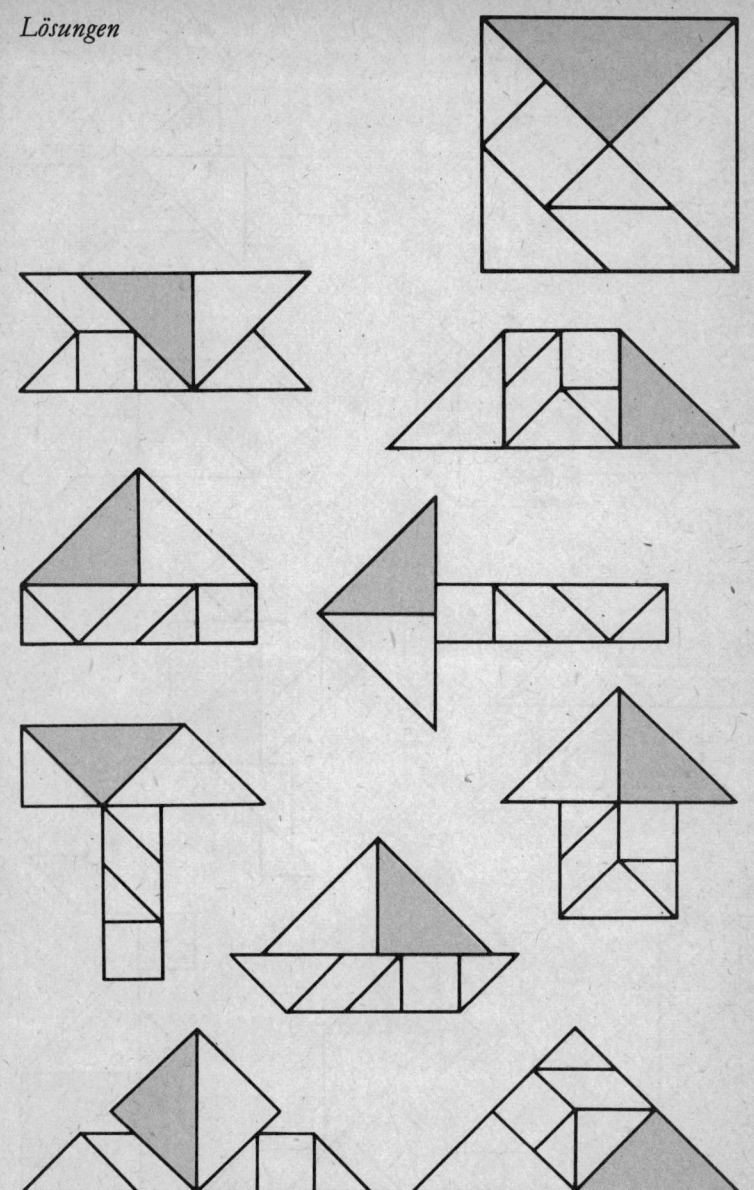

Pentomino

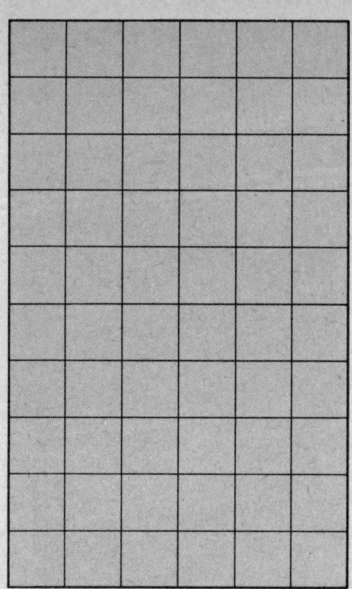

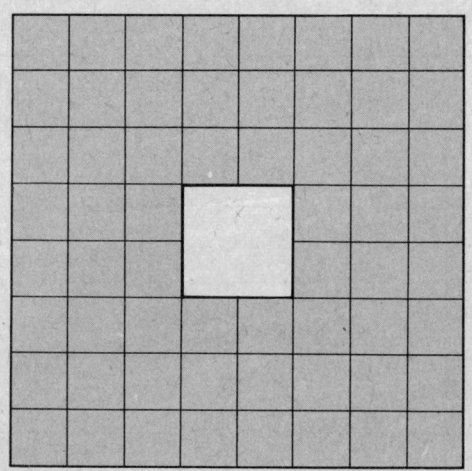

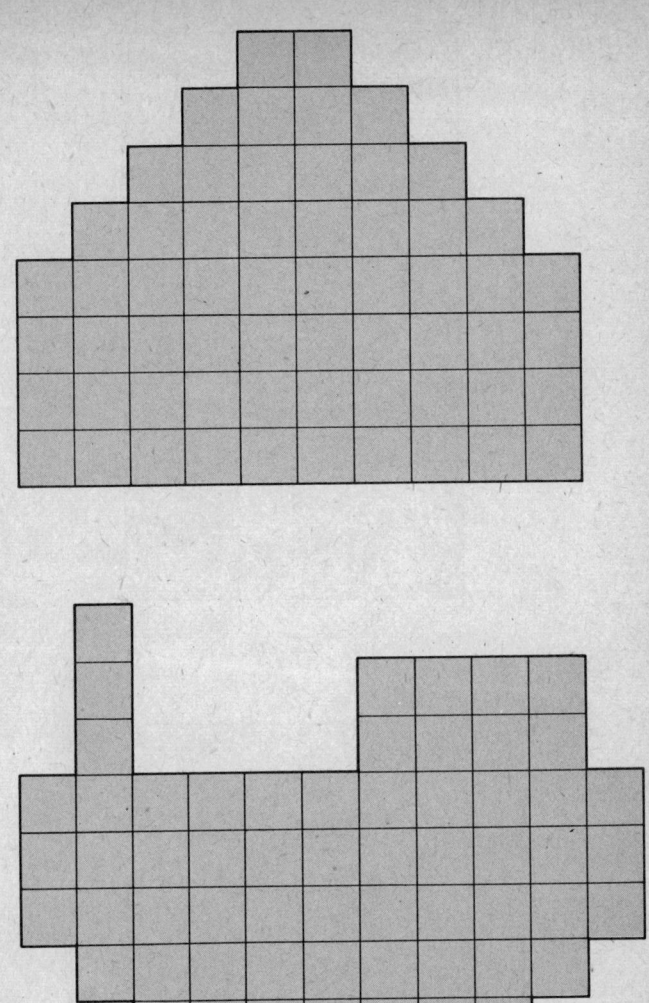

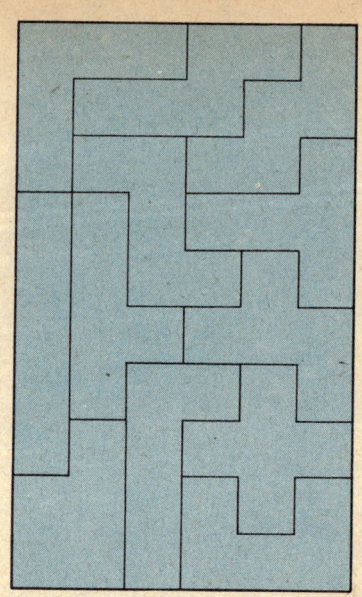

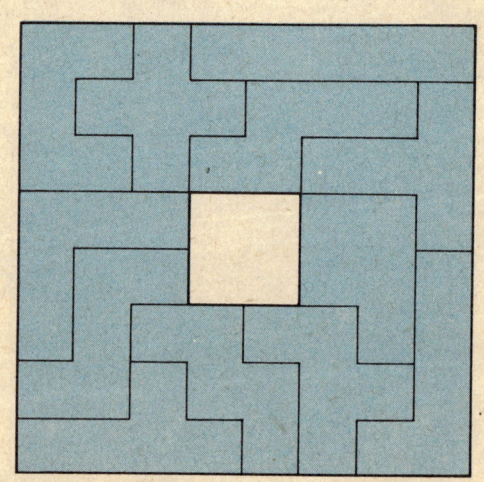

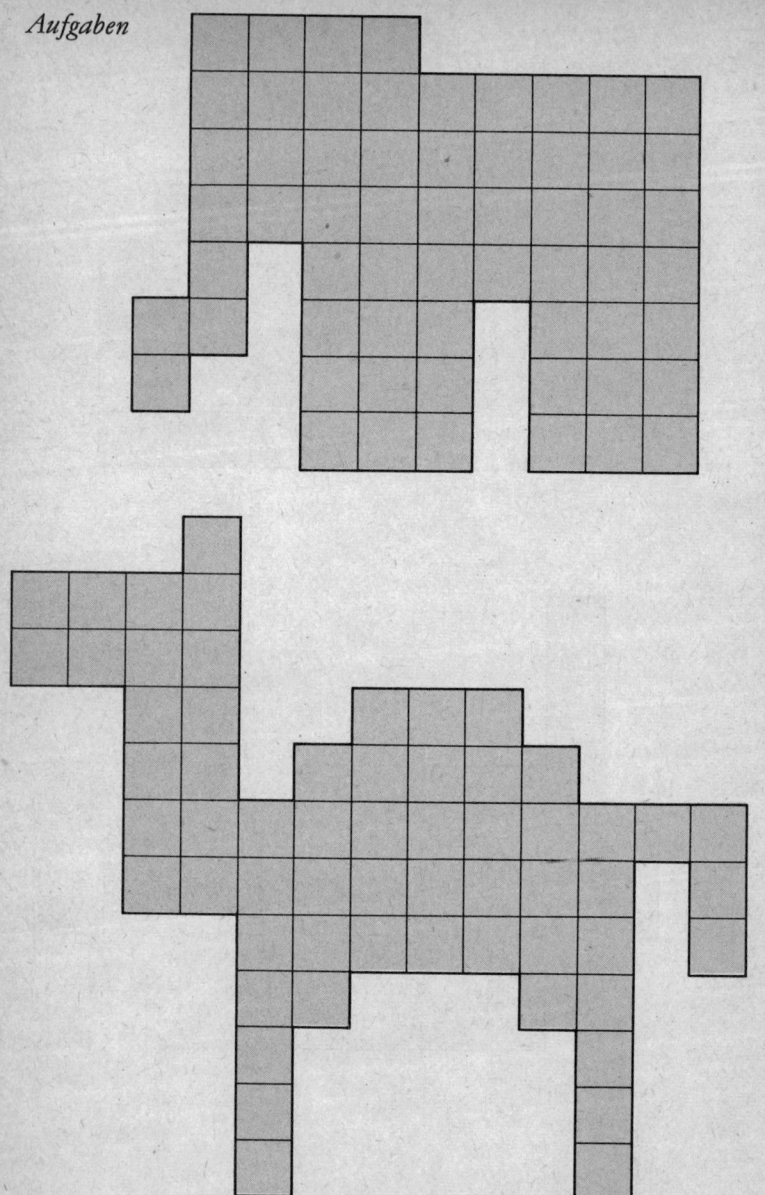

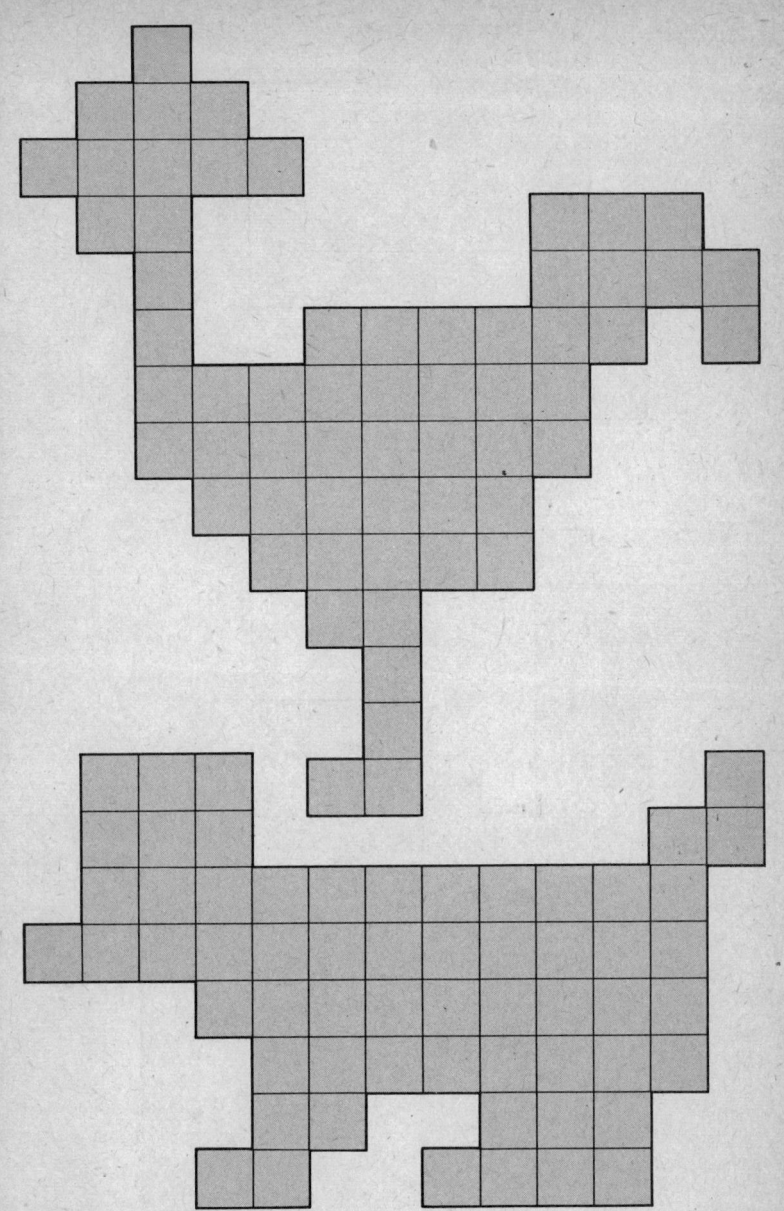

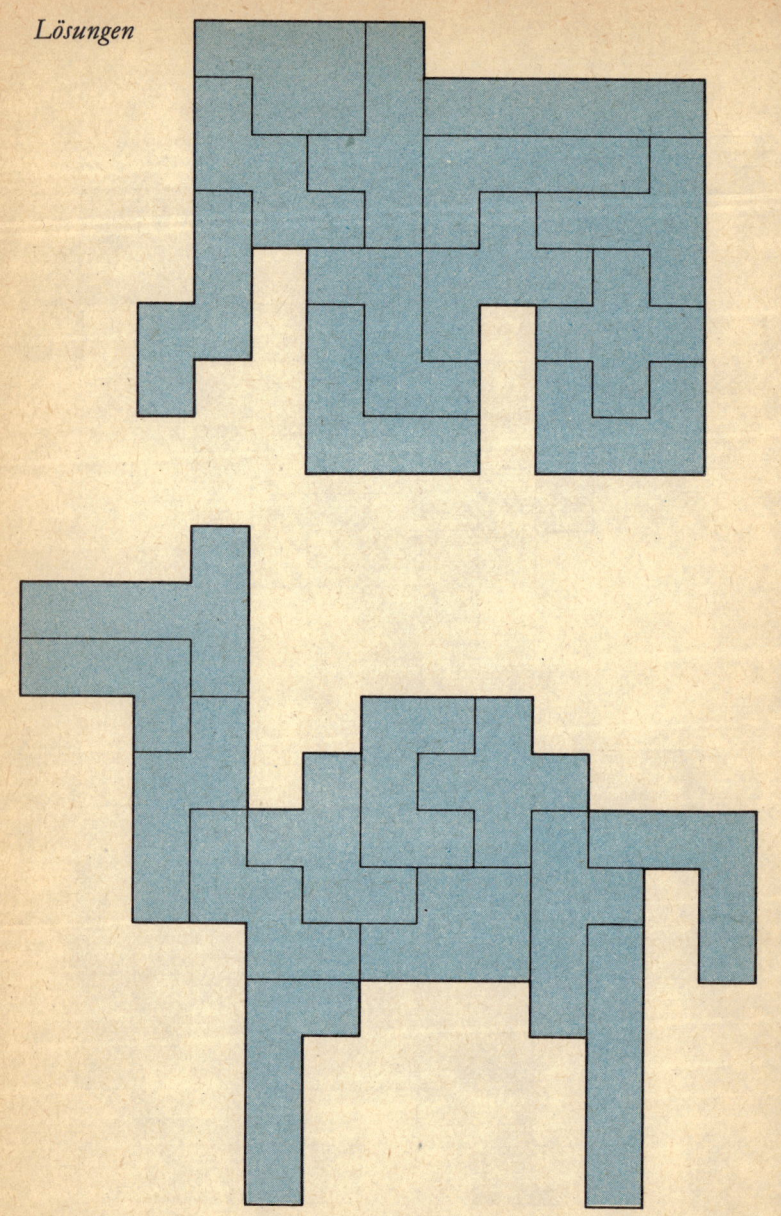

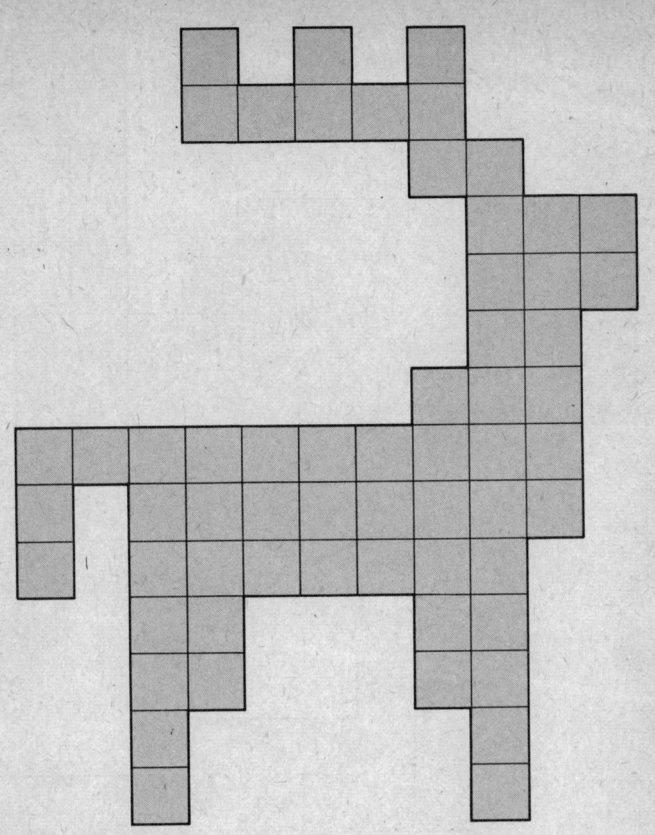

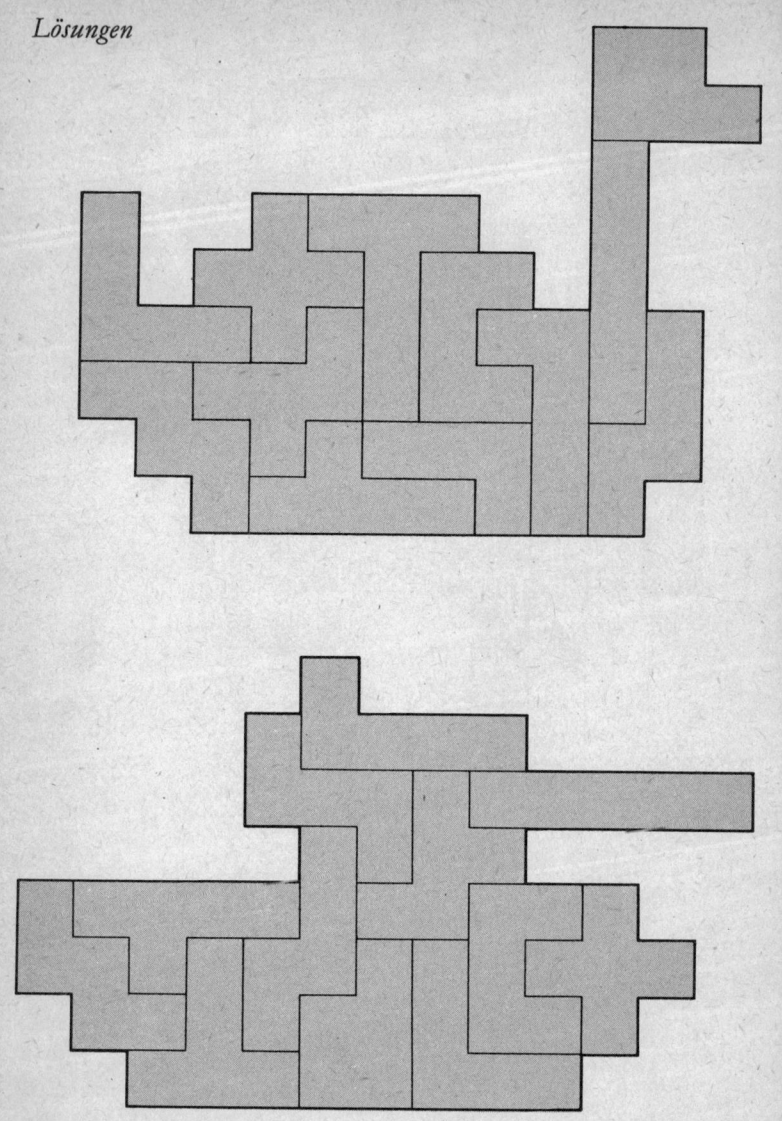

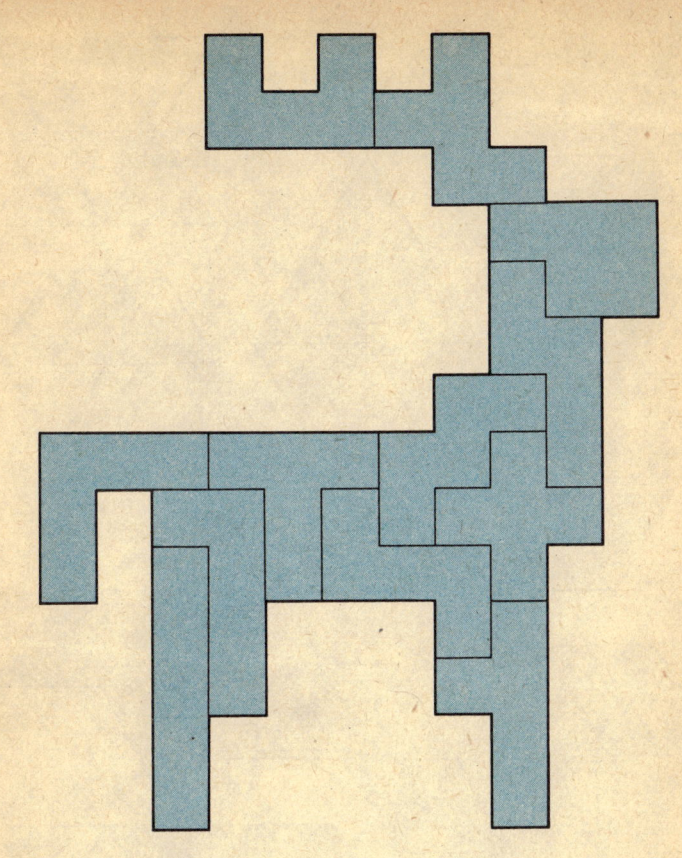

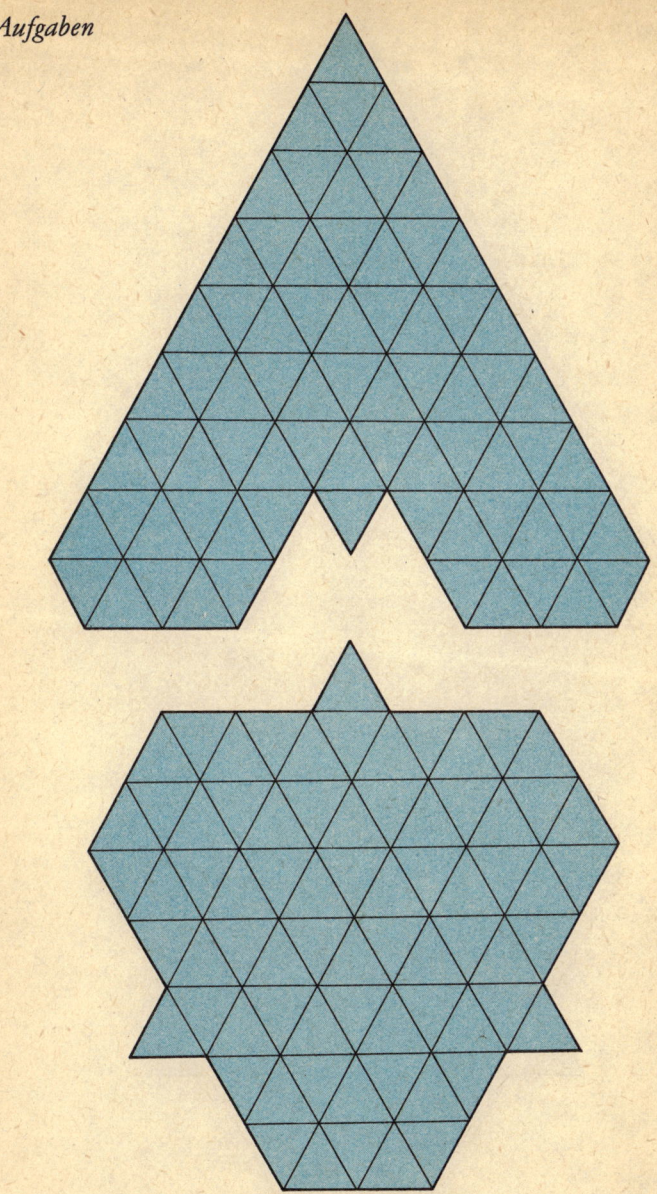

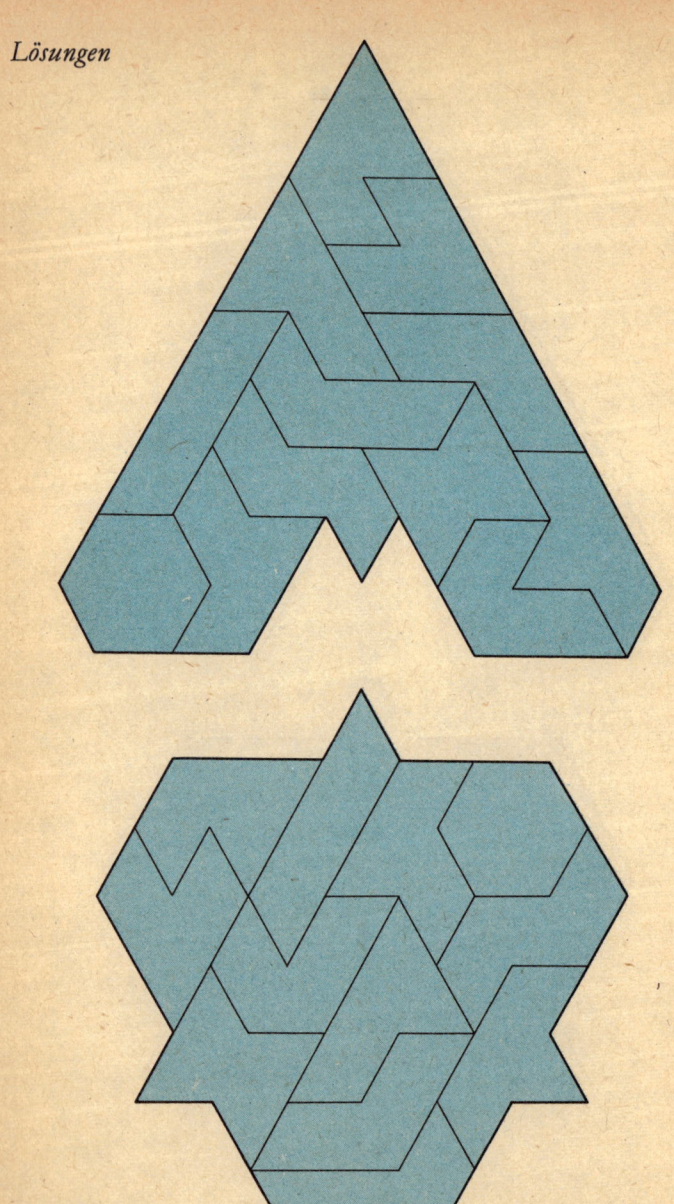

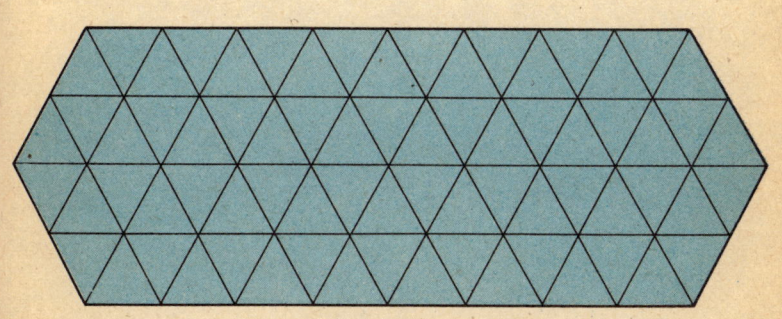

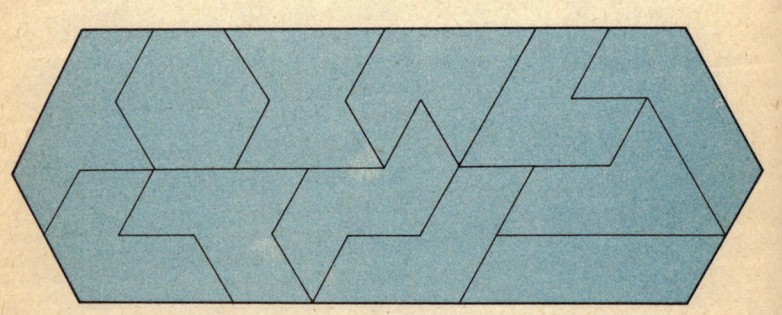

Das Magische Ei

Besonderen Spaß bereitet den Kindern immer wieder das
»Magische Ei«. Etwa 40 Vögel lassen sich aus einem in
neun Teile zerlegten Ei »ausbrüten«. Wogegen ja sonst aus
einem Ei gewöhnlich nur ein Vögelchen schlüpft.
Dieses Spiel entwickelte der sowjetische »Spiel-Professor«
Minskin. Weil gerade dieses Legespiel Phantasie und Wis-
sen gleichermaßen herausfordert, haben wir es in unser
Buch mit aufgenommen. Ist doch bei den zu legenden Vo-
gelsilhouetten das Typische zu zeigen, der lange Hals des
Schwanes, der Kamm eines Hahnes, der Schnabelbeutel des
Pelikans und vieles andere mehr.
Auch diese Legespiel läßt sich ohne große Mühe für den
Hort selbst anfertigen. Das vorgegebene Muster, auf Trans-
parentpapier übertragen, ergibt die Vorlage, mit der auf
Pappe oder Plaste das »Magische Ei« gepaust wird. Die Kinder können die Teile selbst ausschneiden. Dann geht's ans
Konstruieren. Als Anregung dienen die dargestellten Figuren. Jede Figur wird auf einen Bogen Papier oder Zeichenkarton (A 4) übertragen, auf der Rückseite die Lösung, und
in eine Plastfolie gesteckt. Als Lösungshilfe kann auch hier
die Lage eines oder mehrerer Teile vorgegeben werden.

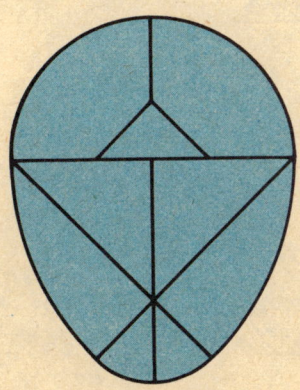

SCHIEBESPIELE

In der zweiten Hälfte des vorigen Jahrhunderts kamen die ersten Schiebespiele auf den Markt. Das bekannteste ist das Fünfzehnspiel. Es begegnet uns gelegentlich heute noch in seiner ursprünglichen Form in Spielwarengeschäften. In einem Plasterahmen sind 15 quadratische, numerierte Scheibchen oder Klötze angeordnet, die 16. Stelle ist leer. Im allgemeinen findet man die Steine ungeordnet vor. Es kommt nun darauf an, mit Hilfe der Leerstelle die Zahlen in die richtige Reihenfolge zu bringen.

Davon abgeleitet sind Schiebespiele mit verschiedenen geometrischen Figuren. Meist bestehen sie aus einem großen Quadrat, zwei kleinen Quadraten und vier Rechtecken, die in einem Rahmen unterschiedlich angeordnet sind. Die Anzahl der Quadrate oder Rechtecke kann auch erhöht werden, damit steigen die Anforderungen. Wir zeigen dazu zwei Beispiele.

Bei den Schiebespielen kommt es darauf an, das große Quadrat, das in der Ausgangsstellung immer in einer Ecke liegt, durch Verschieben möglichst nacheinander in alle vier Ecken zu bugsieren. Da die Anordnung der Ausgangsstellung vielfach variiert werden kann, umfaßt ein solches Spiel zahlreiche unterschiedliche Aufgaben. Es gibt auch Ausgangsstellungen, die zu unlösbaren Aufgaben führen. Man sollte aber trotzdem die Kinder immer wieder anhalten, sich mit diesen Spielen zu befassen. Ausdauer, Beharrlichkeit und vor allem das Vorausdenken werden trainiert, und es bereitet obendrein besondere Freude, wenn man den Kniff 'raus hat und mit nur wenigen Zügen die gewünschte Stellung erreicht. Beim Hin- und Herschieben zeigt sich, daß bestimmte Teilaufgaben zu wiederholen sind, um zum Ergebnis zu kommen. Ein festes System gibt es dafür nicht.

Beim Selbstbau solcher Schiebespiele genügt es, mehrere gleichgroße Quadrate in Rechtecke oder kleine Quadrate zu zerlegen, um die Teile für einige Varianten des Schiebespiels zur Hand zu haben. Werden die geometrischen Teile entsprechend unseren Zeichnungen auf eine Platte (Pappe,

Hartfaser oder Sperrholz) gelegt, die an jeder Seite etwa 1 cm hervorguckt, läßt sich auch der passende Rahmen herstellen. Auf den überstehenden Rand kleben wir schmale Streifen des Materials, aus dem die Platte besteht, schon haben wir den Rahmen, in dem sich Rechtecke und Quadrate ohne wegzurutschen hin und her, rauf und runter schieben lassen.

Die einzelnen Teile dürfen jedoch nicht numeriert werden, das würde die Kinder ablenken und eventuell dazu führen, die Reihenfolge der Zahlen anzustreben. Die von uns eingesetzten Zahlen dienen lediglich dazu, mögliche Lösungen vorzugeben.

Geschickt geschoben

Teil 1 soll nach links unten!
7u, 7l, 1l, 3u, 2r, 4r, 5r, 6o,
7o, 1l.
(Insgesamt 10 Schritte)

Teil 1 soll nach rechts unten!
7u, 6u, 1u, 4r, 5o, 3o, 2o, 7l,
6l, 1u.
(Insgesamt 10 Schritte)

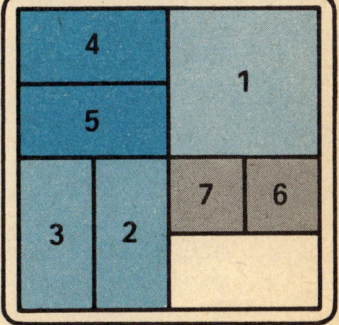

Die Buchstaben haben
folgende Bedeutung:
o = nach oben   l = nach links
u = nach unten   r = nach rechts

115

Teil 1 soll nach rechts unten!
(Bei einer anderen Aus-
gangsposition)
6u, 4l, 4l, 5l, 2o, 3r, 1r, 6u,
7u, 4l, 5l, 2l, 3o, 1r.
(Insgesamt 14 Schritte)

Teil 1 soll nach rechts oben!
5o, 4r, 6u, 6l, 2o, 3r, 6u, 7u,
2l, 3o, 6r, 7u, 3u, 2u, 5l, 4o,
1o, 6r, 7r, 3u, 2u, 5u, 4l, 1o.
(Insgesamt 24 Schritte)

Das folgende Schiebespiel ist schon etwas schwerer. Jeweils
fünf Quadrate und fünf Rechtecke bilden die Ausgangssitua-
tion. Unser Beispiel zeigt die Schritte, die notwendig sind,
um das Teil 5 von rechts oben nach links unten zu bringen.

6 – 5 – 2 – 2 – 3 – 3 –
1 – 4 – 6 – 9 – 10 – 8 –
7 – 5 – 2 – 3 – 1 – 1 –
4 – 4 – 6 – 3 – 3 – 2 –
2 – 1 – 4 – 6 – 3 – 3 –
10 – 9 – 5 – 1 – 1 – 4 –
4 – 2 – 2 – 3 – 3 – 10 –
9 – 5 – 1 – 1 – 7 – 8 – 5

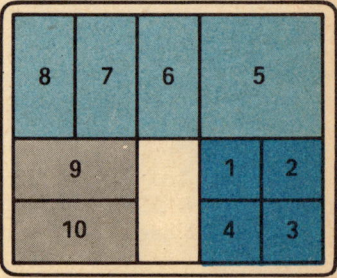

Eine weitere Variante des Schiebespiels besteht aus drei Quadraten und sechs Rechtecken. Es ist ein außerordentlich anspruchsvolles Spiel. Man sollte den Hortkindern hierzu nur die Aufgabe stellen, das Quadrat von links unten nach rechts oben zu schieben. Weitere Aufgaben wären für diese Altersgruppe noch zu schwer. Es gibt aber auch hier die Möglichkeit, das Quadrat nacheinander in alle vier Ecken zu bringen. Eine mögliche Lösung ist wie folgt zu erreichen.

9 – 8 – 7 – 5 – 5 – 9 –
1 – 2 – 4 – 3 – 6 – 6 –
5 – 5 – 9 – 1 – 2 – 4 –
3 – 5 – 5 – 9 – 7 – 8 –
1 – 2 – 4 – 3 – 5 – 5 –
6 – 6 – 9 –

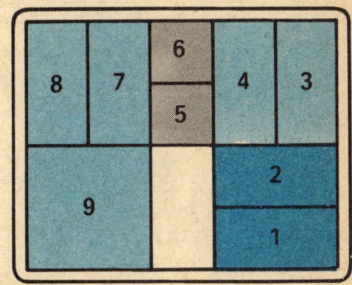

Der Ziegenbock als Gärtner

Es war einmal ein Bauer, der hatte einen Ziegenbock und einen Garten. Der Ziegenbock bereitete ihm oft Ärger, wogegen er an seinem Garten eine besondere Freude hatte. Dort wuchsen nämlich acht prächtige Kohlköpfe. Das sah auch der Ziegenbock, der hinter dem Zaun graste. Er zerrte an seinem Strick, bis dieser riß und sprang in den Garten.

1. Aufgabe: Schiebe die Steine so, daß der Ziegenbock mitten im Garten steht!

Die Kohlköpfe waren natürlich etwas für den Ziegenbock, und er begann sogleich, sich diese einzuverleiben. Das wußte der Bauer aber zu verhindern. Er brachte den Kohl in Sicherheit, indem er den Zaun versetzte.

2. Aufgabe: Schiebe die Steine so, daß die Kohlköpfe nunmehr außerhalb des Zaunes stehen!

Jetzt wurde der Ziegenbock böse, und er warf sich gegen den Zaun. Der Bauer sah das, und er sagte: »Ich werde den Zaun so aufstellen, daß der Ziegenbock zwar mitten im Garten, aber trotzdem eingezäunt ist.«

3. Aufgabe: Schiebe die Steine so, daß der Ziegenbock mit den mittleren Zaunteilen eingezäunt wird und die Kohlköpfe außerhalb des Gartenzaunes stehen.

Nun müßten also beide zufrieden sein. Der Ziegenbock graste im Garten, und der Bauer behielt seine Kohlköpfe.

Mit der Zeit aber wurde es dem Ziegenbock zu langweilig. Er bat den Bauern, ihn doch wieder an seinem alten Platz außerhalb des Gartens anzupflocken.

Der Bauer versetzte also den Zaun noch einmal und zwar so, daß der Ziegenbock zur Belohnung für seine Einsicht die Hälfte der Kohlköpfe auffressen konnte.

4. Aufgabe: Schiebe die Steine so, daß der Ziegenbock zwar außerhalb des Gartens steht, aber die Hälfte der Kohlköpfe erreichen kann.

KOMBINATIONSSPIELE

Die Vielfalt und der Formenreichtum der Spiele können in diesem Büchlein nur angedeutet werden. Vieles, längst Vergessenes wird ob seiner Vielseitigkeit zur Herausbildung von Scharfsinn, Ausdauer, Kreativität und Kombinationsfähigkeit wieder hervorgeholt. Und es ist wert, unsere Kinder für eine sinnvolle Freizeitgestaltung mit diesen Spielen bekannt zu machen.

Wie um viele andere Spiele, so rankt sich auch um den »Turm von Hanoi« eine Geschichte. Irgendwo in Asien soll es einen Tempel geben, in dem auf einer Säule ein Turm aus 64 der Größe nach geordneten Scheiben steht. Den Priestern wurde die Aufgabe gestellt, den Turm auf einer anderen Säule zu errichten. Es darf eine Hilfssäule benutzt werden, aber immer nur eine kleinere Scheibe auf einer größeren zu liegen kommen. Die Priester sollen noch heute daran bauen.

Wir haben uns den »Turm von Hanoi« in einer etwas kleineren Version ausgewählt. Es gilt, mit den wenigsten Umsetzungen die vier verschieden großen Scheiben von Stab A auf Stab C zu stecken. Es darf stets nur eine Scheibe bewegt werden, es soll jeweils eine kleinere auf einer größeren liegen. Der Stab B kann als Zwischenstation genutzt werden. Am Ende soll der Turm auf Stab C so stehen, wie er vordem auf Stab A stand.

Bei diesem Spiel werden die Kinder relativ schnell zum Erfolg kommen. Wenn alle Kinder in der Lage sind, die Aufgabe zu lösen, kann die Anzahl der Scheiben auf fünf erhöht werden. Es wird dann schon wesentlich schwerer sein, den Turm zu versetzen. Noch mehr Scheiben zu verwenden ist zwar möglich, aber für Unterstufenkinder nicht zweckmäßig, weil die Lösung zu schwer und damit das Spiel uninteressant wird.

Noch ein Hinweis: Auf einer längeren Bahnfahrt, bei Wartezeiten und ähnlichen Gelegenheiten kann man das Turmspiel auch ohne Scheibchen spielen. Man legt einfach vier unterschiedlich große Geldstücke übereinander, und los geht's.

Der Turm von Hanoi

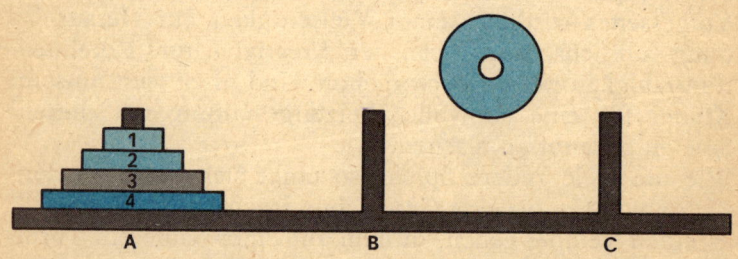

Lösung:
1 auf B, 2 auf C, 1 auf C, 3 auf B, 1 auf A, 2 auf B, 1 auf B, 4 auf C, 1 auf C, 2 auf A, 1 auf A, 3 auf C, 1 auf B, 2 auf C, 1 auf C.
Mit 15 Schritten ist der Turm auf Stab C umzusetzen.

Die zerrissene Kette

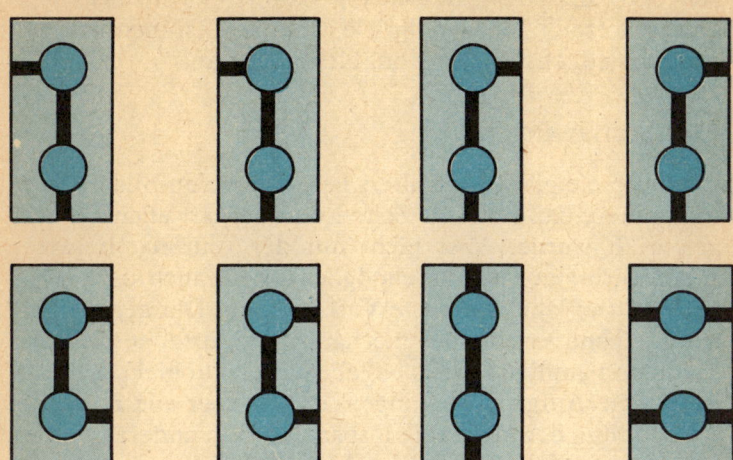

Die Aufgabe dieses Spieles besteht darin, die acht Rechtecke so zu einem Quadrat anzuordnen, daß eine geschlossene Kette entsteht. Auch für dieses Spiel ist es zweckmäßig, einen Rahmen anzufertigen, in den man die Teile einsortieren kann. Nach dem Spiel sollten die Einzelteile zusammengehalten aufbewahrt werden.

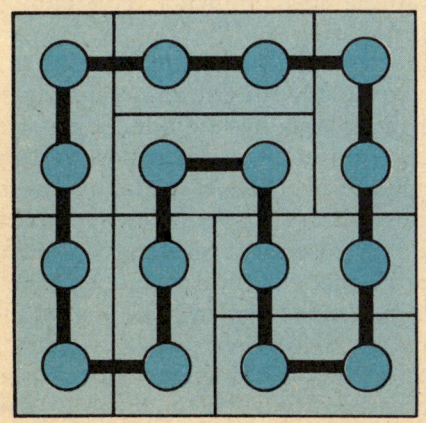

Es muß nicht immer eine Kette sein, ein Drachen mit langem Schwanz oder eine Schlange können auch zusammengesetzt werden. Mehrere Spiele für einen Rahmen, mit den unterschiedlichsten Motiven, bieten sich an.

Der Somawürfel

Würfelspiele gibt es seit alters her. Auf vielen Bildern kann man sehen, daß zu allen Zeiten und bei fast allen Völkern gewürfelt wurde. Aber nicht nur der Würfel mit seinen 21 Augen bietet viele Spielmöglichkeiten, auch der zerlegbare Würfel läßt zahlreiche Varianten zu. Der gegenwärtig wohl bekannteste ist der mechanische Würfel aus Ungarn. In vielen Familien bereits beliebtes Freizeitobjekt, bietet er zahlreiche Aufgabenstellungen an, die aber alle nur unter Anwendung der Mechanik lösbar sind. Ein anderer Würfel, der unserer Meinung nach auch viel interessanter und lehrreicher ist, ist der *Somawürfel*. Sieben verschiedene unregelmäßige Körper, sechs aus vier Würfeln und einer aus drei Würfeln bestehend, ergeben 240 verschiedene Möglichkeiten, den Somawürfel zusammenzusetzen. Außer dem Somawürfel lassen sich noch zahlreiche andere Figuren aus diesen Teilen konstruieren. Unsere Abbildungen zeigen einige Beispiele dafür. Nicht nur zum Zeitvertreib, sondern auch zum Training des räumlichen Vorstellungsvermögens eignet sich der Würfel.

Beginnen sollte das Somaspiel damit, erst einmal zu üben, die sieben Teile zu einem Würfel zusammenzusetzen. Dabei werden die Kinder »ihr« System oder sogar schon mehrere Möglichkeiten ermitteln. Um einen Lösungsweg zu zeigen, können die sieben Teile eines Würfels mit unterschiedlichen Farben oder mit Nummern gekennzeichnet werden. Bei dem aus diesen Teilen zusammengesetzten Würfel ist die Lage der einzelnen Elemente deutlich zu erkennen.

Für den Selbstbau eines Somawürfels bedarf es keiner großen Anleitung. Holzklötzchen oder Plastbausteine, unserer Vorlage entsprechend zusammengeklebt, ergeben dieses vielseitig einsetzbare Spiel. Man muß nur darauf achten, daß die Teile immer zusammen aufbewahrt werden. Entweder als Würfel, der mit Gummibändern zusammengehalten wird, oder als Einzelteile, jeweils alle sieben in einer Plasttüte.

Viele Möglichkeiten, mit dem Somawürfel zu knobeln, ergeben sich, wenn einige der sieben Teile nochmals zusammengeklebt werden, so daß man nur noch drei oder vier Teile hat. Bedingung ist, und darauf muß man achten, daß sich diese drei oder vier Teile tatsächlich zu einem Würfel zusammensetzen lassen. Man meine nun aber nicht, daß sich der Würfel dadurch leichter bauen läßt. Durch die Art der Zusammenstellung der Somateile kann man den Schwierigkeitsgrad selbst bestimmen. Einen Würfel zum Beispiel aus nur drei Teilen zusammenzusetzen kann so durchaus zu einer schweren Knobelaufgabe werden.

Würfel in einer Reihe

Nach den dargestellten Würfelnetzen sind vier gleichgroße Würfel zu bemalen oder zu bekleben. Um ein rasches Abgreifen der Farbe oder des bunten Papiers zu verhindern, sollte man die Würfel mit farblosen Lack oder Latex überziehen. So können die Spielwürfel lange verwendet werden.

Die Aufgabe dieses Spieles besteht darin, die vier Würfel so zu einem Quader anzuordnen, daß auf jeder der vier langen Seiten vier verschiedene Farben auftreten.

Beispiel
für eine Seite

Dieses leicht herzustellende Spiel erfordert neben einiger Geduld auch kombinatorisches Denken. Es ist aber durchaus schon für Schüler der 1. Klasse geeignet.

Spiel mit Farben und Zahlen

Wegen der vielfältigen unterschiedlichen Kombinationsmöglichkeiten und Schwierigkeitsgrade ist dieses Spiel für Schüler fast aller Klassen der Unterstufe besonders geeignet. Das Kombinationsspiel besteht aus einem flachen quadratischen Rahmen und 16 quadratischen Brettchen, die zu einem großen Quadrat zusammengesetzt in den Rahmen passen.

Die Brettchen werden wie folgt farbig gestaltet:

Vier Brettchen auf beiden
Seiten rot,
vier Brettchen auf beiden
Seiten blau,
vier Brettchen auf beiden
Seiten gelb,
vier Brettchen auf beiden
Seiten grün.

Die Brettchen gleicher Farbe sind auf einer Seite jeweils
mit den Zahlen 1 bis 4 zu kennzeichnen.
Mit den farbigen und numerierten Brettchen sind folgende
Aufgaben möglich, für die es eine Vielzahl richtiger Lösungen gibt:

1. Ordnet die Zahlen so, daß
in jeder waagerechten und
in jeder senkrechten Reihe
die vier verschiedenen Zahlen auftreten!

1	2	3	4
2	3	4	1
4	1	2	3
3	4	1	2

2. Ordnet die Farben so, daß
in jeder waagerechten und
in jeder senkrechten Reihe
die vier verschiedenen Farben zu sehen sind!

3. Ordnet die Zahlen so, daß in jeder waagerechten, in jeder senkrechten und in jeder diagonalen Reihe die vier verschiedenen Zahlen zu sehen sind!

1	4	2	3
3	2	4	1
4	1	3	2
2	3	1	4

4. Ordnet die Farben so, wie bei Aufgabe 3 die Zahlen!

5. Ordnet die Brettchen so, daß in jeder waagerechten, in jeder senkrechten und in jeder diagonalen Reihe sowohl alle vier Farben als auch alle vier verschiedenen Zahlen auftreten!

1	2	3	4
4	3	2	1
2	1	4	3
3	4	1	2

Zahlreiche Versuche mit Schülern ab Klasse 2 haben gezeigt, daß alle fünf Aufgaben ausnahmslos gelöst werden.

Das Triokerspiel

Das Trioker ist eine Art Domino, das an Stelle der Augen Farbflächen hat, die aneinandergefügt werden müssen. Es besteht aus 24 gleichseitigen Dreiecken, auf denen jeweils vier farbige Dreiecke auf 24 unterschiedliche Arten untergebracht sind. Beim Triokerspiel sind die Dreiecke so aneinanderzulegen, daß nur gleichfarbige Ecken aneinanderstoßen. Obwohl nicht immer alle Teile verwendet werden müssen, ist die Konstruktion einer Vielzahl von Figuren möglich. Ja, die Anzahl der möglichen sinnvollen Figuren ist nicht einmal bekannt. Das zeigt die Vielseitigkeit dieses Kombinationsspieles.

Für Kinder der Unterstufe genügt es, nur wenige Teile dieses Spieles zu nutzen. Mit nur zwölf Teilen lassen sich bereits viele Figuren konstruieren, die man auch erkennen kann. Wir zeigen dazu einige Beispiele. Nach Möglichkeit sollte man auch hier keine gezielten Aufgaben stellen, sondern von den Kindern selbst sinnvolle Figuren finden sowie die Anzahl der zu verwendeten Dreiecke selbst bestimmen lassen. Das erfordert von ihnen neben kombinatorischem Denken Geduld und Phantasie.

131

Bunte Farbkombinationen

Je bunter und farbenfreudiger ein Spielzeug, um so ansprechender, interessanter ist es für die Kinder. Das trifft nicht nur für die Vorschulkinder zu. An unseren Familiensonntagen beobachten wir an der Knobelstraße immer wieder, daß sich die Kinder aller Altersstufen besonders gern mit den Farbkombinationsspielen beschäftigen. Zwei dieser Spiele geben wir deshalb auf der vorderen und hinteren inneren Umschlagseite wieder. Auf der vorderen Innenseite sind sieben bunte Sechsecke dargestellt, die so zu einer sternförmigen Figur zusammenzusetzen sind, daß immer gleiche Farben aneinanderliegen. Das sieht zwar einfach aus, beim Ausprobieren stellt sich dann aber heraus, daß es gar nicht so ist. Unser Beispiel zeigt eine mögliche Lösung, bei der das mittlere Sechseck vorgegeben werden sollte. Später suchen die Kinder eigene Lösungen.

Zur Herstellung dieses einfachen, aber immer wieder interessanten Spieles eignen sich nicht nur Holz oder Pappe, bemalt oder mit Buntpapier beklebt, auch Walzenperlen aus Plast können verwendet werden. Nach unserer Vorlage auf Schnur oder besser noch auf Angelsehne gefädelte Walzenperlen lassen sich besonders gut zu einem Sechseck gruppieren. Es gehört allerdings etwas Übung dazu.

Man kann auch die Walzenperlen aufrechtstehend und nach Farben geordnet auf einer Untertasse zu einem Rechteck zusammenfügen. Das Ganze wird dann in der Bratröhre zusammengebacken und später mit farblosen Latex überzogen. Solcherart Spielzeug selbst herzustellen wird den Kindern besonderes Vergnügen bereiten.

Die dritte Umschlagseite zeigt ein ähnliches Spiel. Neun farblich unterschiedlich gestaltete Quadrate sind zu einem großen Quadrat zusammenzulegen. Es dürfen aber auch hier immer nur gleiche Farben aneinandertreffen. Das geht ebenfalls nicht so einfach und schnell, wie das beim ersten Ansehen scheinen mag. Es kommt eben aufs Probieren, Versuchen und Tüfteln an, und dafür wurde dieses Büchlein gemacht.

Literaturempfehlungen

Arnold, E.-H.: Mein kleines Rätselbuch. Der Kinderbuchverlag, Berlin 1965.

Bastelspaß. Handreichung für die außerunterrichtliche Tätigkeit. Volk und Wissen Volkseigener Verlag, Berlin 1985.

Berge, M.: Außerunterrichtliche Leistungsvergleiche in der Unterstufe. Volk und Wissen Volkseigener Verlag, Berlin 1968.

Bolchowitinow, W. N./Koltowoi, B. I./Lagowski, I. K.: Spaß für freie Stunden. Verlag MIR Moskau und Verlag für die Frau, Leipzig 1980.

Das große Experimentierbuch. Der Kinderbuchverlag, Berlin 1963.

Didaktische Spiele für das jüngere Schulkind. Volk und Wissen Volkseigener Verlag, Berlin 1983.

Dietze, R.: Was spielen wir?
Verlag Tribüne, Berlin 1980.

Frösi-Knobelmagazin. Verlag Junge Welt, Berlin 1969.

Heinrich, K.: Kinder, kommt und ratet. Volk und Wissen Volkseigener Verlag, Berlin 1985.

Lehmann, J.: 2 mal 2 plus Spaß dabei. Volk und Wissen Volkseigener Verlag, Berlin 1981.

Lehmann, J.: 3 + 8 und mitgemacht. Volk und Wissen Volkseigener Verlag, Berlin 1985.

Mathematik, Naturwissenschaften, Technik in den Pioniergruppen. Verlag Junge Welt, Berlin 1969.

Minskin, J. M.: Spielmagazin. Der Kinderbuchverlag, Berlin 1965.

Minskin, J.: Spiele im Hort. Volk und Wissen Volkseigener Verlag, Berlin 1982.

Niese, G.: 100 Eier des Kolumbus. Der Kinderbuchverlag, Berlin 1964.

Perelman, J. I.: Heitere Mathematik. Der Kinderbuchverlag, Berlin 1964.

Perelman, J. I.: Unterhaltsame Physik. Urania-Verlag, Leipzig/Jena/Berlin 1963.

Perelman, J. I.: Unterhaltsame Aufgaben und Versuche. Verlag MIR, Moskau 1977.

Rehm, M.: Zahl, Menge, Gleichung. Der Kinderbuchverlag, Berlin 1980.

Rüger, B.: Das Kurzweil-Buch. Verlag Ehlermann, Dresden 1949.

Scholtyssek, M.: Hexen-Einmaleins. Der Kinderbuchverlag, Berlin 1984.

Schnura, H.: Keine Angst vor Langeweile. Der Kinderbuchverlag, Berlin 1974.

Spaß und Spiel. Volk und Wissen Volkseigener Verlag, Berlin 1984.

Technik und Naturwissenschaften in der Pioniergruppe. Verlag Junge Welt, Berlin 1975.

Thiele, R.: Die gefesselte Zeit. Urania-Verlag, Leipzig/Jena/Berlin 1984.

Unterhaltsames Mathe-ABC. Verlag Leipziger Volkszeitung, Leipzig 1981 und 1982.

Zeitschriften »practic«, »Frösi«, »Die ABC-Zeitung«, »Sputnik«.

Redaktion: Käthe Schmidt

ISSN 0232-7600

ISBN 3-06-282570-7

© Volk und Wissen Volkseigener Verlag, Berlin 1986
1. Auflage
Lizenz-Nr. 203 · 1000/86 (E 28 25 70-1)
LSV 0645
Einband: László Szirmai
Einbandillustration: Sigrun Pfitzenreuter
Zeichnungen: Helgard Bach
Typographische Gestaltung: Atelier vwv, Frank Schneider
Printed in the German Democratic Republic
Schrift: 10/11p Garamond, TVS
Gesamtherstellung: Grafischer Großbetrieb Völkerfreundschaft Dresden
Redaktionsschluß: 10. Januar 1986
Bestell-Nr. 709 195 8
00400